AI와 일하는 직장인을 위한
최소한의 글쓰기

일러두기

- 이 책에 등장하는 '평이한 글'은 국제표준화기구(ISO)가 제정한 〈ISO 24495-1:2023〉 문서를 기반으로 한다. 〈ISO 24495-1:2023〉은 국제표준화기구(ISO)가 2023년 새롭게 제정한 지침이라는 의미로, 24495는 문서의 고유 번호를 뜻한다. 문서명은 '평이한 언어 제1부: 원칙과 지침(Plain language – Part 1: Principles and guidelines)'이다. 평이하게 글을 쓰기 위한 4가지 원칙과 총 25개의 세부 지침이 담겨 있다. 이 책에서는 축약해 〈ISO 24495-1〉로 표기했다.

- 이 책을 쓰면서 챗GPT를 활용했으나 아이디어, 개념화, 초안 작성, 문장 등 모든 의사결정과 최종 검토는 전적으로 저자의 몫임을 밝혀둔다.

AI와 일하는
직장인을 위한

최소한의 글쓰기

송숙희 지음

상황별 보고서,
비즈니스 메시지,
이메일의
자동 완성

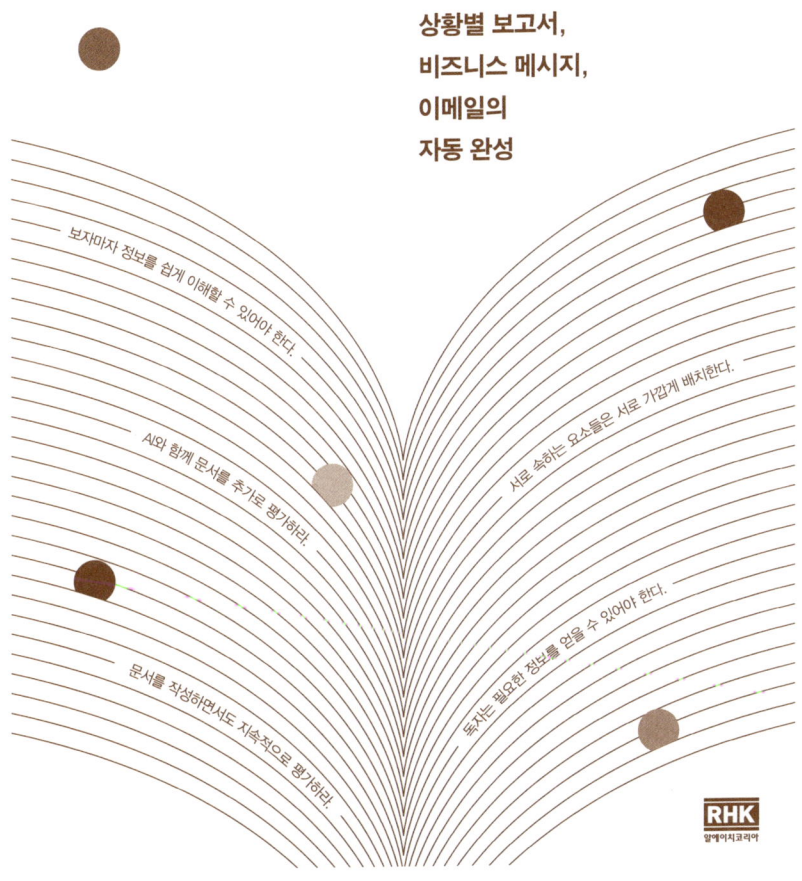

RHK
알에이치코리아

시작하는 글

그저 그런 글쓰기로는 탁월한 성과를 낼 수 없다

일의 패러다임이 바뀌면, 당신의 글쓰기도 바뀌어야 한다. 2025년 9월 25일, 스타벅스 CEO 브라이언 니콜Brian Niccol은 '브라이언의 메시지: 중요한 업데이트Message from Brian: An Important Update'라는 제목의 공지를 전 직원에게 발송했다. 그로부터 며칠 뒤 900명이 해고되었다. 사측이 보낸 해고 통지에는 다음과 같은 문장이 포함되어 있었다.

"스타벅스에는 더 이상 당신의 자리가 없습니다."[1]

스타벅스는 이미 반년 전 1,100명의 인원을 감축했었다. 이번에는 약 900명의 비소매 인력을 추가로 줄이고, 북미 매장 일부를 재편한 것이다.² 스타벅스의 새 CEO는 인력을 줄이며 '지속 가능한 수익 구조로의 전환'을 최우선 과제로 내세웠다. 그러나 이것은 비단 스타벅스만의 이야기가 아니다. '세계 최고의 직장'으로 인정받은 세계적인 기업들—마이크로소프트, 구글, 메타, 아마존, IBM, 삼성전자, 현대자동차, 포스코 등—도 비슷한 결정을 내리고 있다. 이러한 변화의 핵심은 단순한 인력 감축이 아니라 '일의 구조' 자체가 바뀌고 있다는 것이다.

팬데믹 이후, 전 세계의 일하는 방식과 소통 구조는 근본적으로 달라졌다. 비대면이 보편화되어 줌을 통한 회의는 늘었고, 이메일도 폭증했다. 소통은 꼬이고 생산성은 떨어지고 성과는 막혔다. 그만큼 직장인들은 하루 근무시간의 57%를 문서 재작업에 사용했고, 급기야 커뮤니케이션 실패로 조직 생산성이 하락하는 결과를 낳았다.³ 이러한 치명적인 문제의 원인은 구성원의 미흡한 글쓰기에 있다. 구성원의 부진한 글쓰기는 소통 실패를 낳고, 이는 생산성을 갉아먹고, 비용을 높이며, 수익률까지 떨어뜨리는 악순환을 거듭하게 만든다.

생성형 AI의 출현은 미흡한 글쓰기가 입히는 손해를 더욱 빠르고 거대하게 만들었다. 이제 한 줄의 프롬프트로 업무 자동화 시스템을 돌리고, 명령어 한 문장으로 업무의 흐름을 바꾸어 놓았다. AI는 일종의 '도핑'이다. 뉴사우스웨일스대학교UNSW

프레더릭 안실Anseel 교수는 "AI는 도핑이다. 인력에 엄청난 생산성 향상을 가져와, AI를 효과적으로 활용하는 사람과 그렇지 못한 사람의 격차가 커지고 있다"고 말했다.[4] 약물로 경기력을 끌어올린 선수처럼, AI는 생산성을 폭발적으로 높인다. 그런데 AI가 의도한 대로 작동하려면 명확한 글로 된 지시문과 구조화된 정보가 필요하다. 조직이 AI를 전면 도입하는 중인 지금, 구성원의 글쓰기 역량과 정보 설계 능력은 AI를 움직이는 실행력이며, 나아가 성과와 경쟁력을 좌우하는 핵심 역량이다.

국제기구가 직장인의 보고서에 개입하게 된 것도 바로 이 점 때문이다. 국제표준화기구ISO는 디지털 대전환과 AI 도입이 진행되는 흐름 속에 글쓰기의 중요성이 부각되자 글쓰기에도 '표준'이 필요하다고 판단해 〈ISO 24495-1〉을 제정했다. 〈ISO 24495-1〉은 단순한 글쓰기 기술을 넘어, AI 시대의 성과와 생존을 결정짓는 언어적 무기다. 이 글쓰기 표준은 복잡한 정보를 명확하게 전달하고, 실행이 가능한 메시지로 전환하는 능력을 혁신적으로 높인다.

이 책은 국제표준화기구ISO에서 발간한 〈ISO 24495-1〉을 기준으로 한다. 그리고 이 원칙과 지침을 토대로 직장인을 위한 실전 매뉴얼로 고안했다. 바로 '글쓰기 코드CODE'다. 독자의 시각에서 설계하고, 정보 흐름을 구조화하며, 표현을 명확히 다듬고, 실행을 유도하는 실전 전략을 제시한다. 이 '글쓰기 코드'를 통해 보고서 한 장, 메시지 한 줄만으로 의도한 대로 일을 움직이고, 성과를 바꿀 수 있는 힘을 갖게 될 것이다.

AI와 자동화는 되돌릴 수 없는 흐름이다. 이제 기업은 단순히 비용을 줄이려는 차원이 아니라, 생존과 지속 가능성을 기준으로 '누구를 남기고, 누구를 내보낼 것인가'를 판단한다. 그 판단의 중심에는 ACE 역량이 있다. ACE는 AI 활용력AI Literacy, 소통·협업 적합성Communication-fit, 직무 전문성Experienced Professional을 바탕으로, 대한상공회의소가 2025년 9월에 발표한 '한국 기업이 찾는 인재 유형'으로 제시한 기준이다. 이 3가지 역량의 공통 기반이 바로 '글쓰기'다. 일정 수준 이상의 글쓰기 역량을 갖춘 사람만이 AI를 명확하게 작동시키는 프롬프트를 쓰고, 협업 과정에서 오해 없는 문서를 만들며, 전문성을 신뢰받는 보고서를 작성할 수 있다. 그리하여 조직원과의 소통을 명확하게 하고, 업무의 생산성을 높이며, 결과적으로 개개인의 성과를 극대화함으로써 기업의 경쟁력을 강화하는데 기여한다. 기업이 끝까지 남기고 싶은 사람은 보고서로 설득하고, 이메일로 움직이며, 프롬프트로 자동화 시스템을 설계할 줄 아는 ACE 인재다. 그리고 ACE 인재가 되는 길을 안내하는 것이 바로 '글쓰기 코드'다.

AI 시대, 핵심 역량은 글쓰기 코드로 키워라

링크드인의 2025년 회원 수는 10억 명, 월간 활성 사용자는 3억 1천만 명에 달한다. 매분 6명이 채용되고 1만 건의 구직 지원이 이루어진다. 전 세계 사용자 중 상당수가 기업 관계자이며, 매출의 절반 이상이 B2B에서 발생한다. 이 방대한 생태계 속에서 링크드인은 '채용 플랫폼'을 넘어 '조직 학습 플랫폼'으로 진화했다. 그렇다면 링크드인에서 기업으로부터 가장 많이 요청받은 교육 수요는 무엇일까? 최근 몇 년간 링크드인이 전 세계로부터 받은 교육 수요 1위는 데이터 분석도, 코딩도 아닌 '커뮤니케이션 능력'이다.[5] 삼성·구글·IBM·딜로이트 등 글로벌 기업의 역량 모델에서 직무와 상관없이 공통적으로 평가되는 항목도 커뮤니케이션이다. AI 도입이 가속화되면서 'AI 문해력'에 대한 요구도 급격히 늘어났다. 그러나 기업들이 구성원에게 여전히 우선으로 요구하는 역량은 사고를 언어로 설계하고 의미를 전달하는 '소통 능력'이다. AI는 요청에 따라 결과물을 빠르게 생성할 수 있다. 그러나 맥락을 읽고 의미를 설계하며 행동을 유도하는 일은 하지 못한다. 따라서 AI 시대의 경쟁력은 기술 활용 능력이 아니라 '생각을 설계하고 소통하는 역량'이다. 이제 세계 표준에 기반한 세계적인 수준의 소통 능력을 키워야 한다.

세계적인 전자 상거래 기업인 쇼피파이Shopify의 CEO 토비아스 뤼케Tobias Lütke는 "새 인력을 뽑기 전에, 그 일을 AI가 할 수 없는지 먼저 증명하라"고 말했다.[6] 나는 기사를 접하고 원고에 인용하려고 했지만, 곧바로 그가 엔지니어 인턴 1,000명을 새로 채용한다는 소식을 접했다. 8,100명 규모의 조직에서 인력을 12% 늘린 것은 쉽게 내릴 수 있는 수준의 결정이 아니다. 심지어 그는 그전에 AI로 인력을 대체하겠다는 호언도 하지 않았던가. 이 일화는 기술혁명의 본질을 잘 보여준다. 우리는 신식 기술 자체에 홀려 핵심 역량을 놓치기 쉽다. 그러나 우리가 인식하고 개발해야 할 것은 읽기 쉽고 이해가 빠르며 즉시 실행되는 글쓰기다. 생각을 체계적으로 구조화해 결과를 만드는 언어적 사고력은 시시각각 진화하는 기술혁명 시대에도 절대 변하지 않는 인간 고유의 경쟁력이다.

기술이 빠르게 변할수록, 그 기술을 이해하고 활용하는 사고와 언어의 힘은 오히려 더 중요해진다. 이처럼 중요한 역량을 체계적으로 훈련하고 개발할 수 있도록 정리한 것이 바로 '글쓰기 코드CODE'다. Customize(맞춤화), Organize(구조화), Direct(명확화), Execute(실행화)라는 4단계 훈련을 통해 누구나 세계 표준 품질의 글을 쓸 수 있다. 글쓰기 코드는 단순한 글쓰기 기술이 아니라, 미래 경쟁력의 근본인 사고력과 실행력을 길러주는 결정적 도구다. AI가 효율을 높이는 동안, 당신은 사고의 품질을 높여야 한다.

세계경제포럼은 미래의 핵심 역량으로 분석적 사고, 창의적 사고, 사고 리더십, 사회적 영향력, 문서 소통력을 꼽았다.[7] 이 5개의 역량은 모두 글쓰기 코드를 통해 강화할 수 있다. 끊임없이 반복되며 사회문제로 대두되는 문해력 저하 문제 또한 글쓰기 코드로 개선할 수 있다. 이 코드는 AI를 능수능란하게 업무에 활용하는 '슈퍼 워커Super Worker'의 비밀병기이자 커리어를 지켜낼 수 있는 마지막 방어선이다.

삼성의 고 이건희 회장은 말했다. "국제화하지 않고는 누구도 일류로 살아남을 수 없다. 세계 일류가 되면 평소 노력의 3~5배 성과가 나온다." 워런 버핏도 이렇게 조언했다. "의사소통 능력을 갖추면 연봉의 50%를 더 벌 수 있다." 세계 일류와 소통 역량을 동시에 실현하는 길, 그 답이 바로 이 책에 있다. 일의 판이 바뀌면, 글쓰기도 바뀌어야 한다. AI 시대, 살아남고 성장하고 싶다면 지금 글쓰기 코드로 무장하라. 그저 그런 글쓰기로는 탁월한 성과를 기대할 수 없다.

차례

시작하는 글 그저 그런 글쓰기로는 탁월한 성과를 낼 수 없다   5

1장 국제기구는 왜 당신의 글쓰기에 개입하는가

세계 표준 글쓰기의 탄생

조직의 생산성을 무너뜨리는 진짜 범인   19
세계적 기업이 선택한 단 하나의 글쓰기 기준   28
국제표준화기구가 제정한 세계 표준 글쓰기 원칙   36
문해력은 죄가 없다, 문제는 글쓰기다   43
한 끗 차이로 달라지는 기업 간 경쟁력   50
글쓰기 기준을 바꾸면 경험하는 일머리 대혁신   56
왜 세계 표준 글쓰기가 필요한가?   61

2장 누구나 쉽게 쓰고 빠르게 반응하는 4가지 법칙

글쓰기 코드

매번 업무가 꼬인다면, 글쓰기부터 손봐야 하는 이유   69
직장인 업무 전투력을 극대화하는 글쓰기 코드   76
글쓰기 코드의 4단계 실행 전략   81
읽히고, 이해되고, 실행되는 글쓰기 알고리즘   85
글쓰기 코드를 구성하는 16가지 실행 기술   89

3장 독자에게 맞춰 써라

맞춤화

독자마다 내용도, 방식도, 형식도 다르게 써야 하는 이유	101
맞춤화 첫 번째 기술 V 독자를 특정하기	109
맞춤화 두 번째 기술 I 독자의 의도를 확인하기	113
맞춤화 세 번째 기술 E 독자의 기대를 반영하기	117
맞춤화 네 번째 기술 W 글의 필요성을 어필하기	122

4장 한눈에 읽도록 써라

구조화

순간 인식을 돕는 구조화 기술	129
구조화 첫 번째 기술 S 한눈에 파악되는 논리적 쓰기	133
구조화 두 번째 기술 C 정보를 묶고 정돈하기	138
구조화 세 번째 기술 A 눈에 띄게 포장하기	144
구조화 네 번째 기술 N 원하는 정보를 바로 찾아주기	152

5장 단번에 이해하게 써라

명확화

오해 없이 빠르게 쓰는 명확화 기술	161
명확화 첫 번째 기술 P 핵심 먼저 설명은 나중에	164
명확화 두 번째 기술 A 문장이 일하게 만들기	168
명확화 세 번째 기술 S 정곡을 찌르기	173
명확화 네 번째 기술 S 간결하게 쓰기	178

6장 곧바로 행동하게 써라

실행화

읽는 순간 행동하게 만드는 실행화 기술	185
실행화 첫 번째 기술 D 방해 요소를 제거하기	189
실행화 두 번째 기술 O 유리창을 닦듯 선명하게 정리하기	195
실행화 세 번째 기술 N 피드백을 반영해 정돈하기	199
실행화 네 번째 기술 E 최종 점검 후 공유하기	204
글쓰기 코드로 쓸수록 향상되는 문해력	211
글쓰기 코드 체크리스트	216

7장 직장인의 문서는 성과와 직결된다

7대 문서 유형별 코칭

문서마다 무기를 다르게 쓸 것	221
AI 시대에 더 잘 나가는 일머리 고수들의 비법	224
직장인 주요 문서 첫 번째 보고서는 한 페이지에 담기	230
직장인 주요 문서 두 번째 이메일은 0.3초 안에 클릭하게 쓰기	239
직장인 주요 문서 세 번째 메시지는 한 번에 소통하기	246
직장인 주요 문서 네 번째 업무 지시로 생산성을 끌어올리기	251
직장인 주요 문서 다섯 번째 외부 메시지는 디테일을 챙기기	257
직장인 주요 문서 여섯 번째 프롬프트는 AI가 반응하게 쓰기	262
직장인 주요 문서 일곱 번째 마케팅 글쓰기로 더 비싸게 팔기	267
쓰면 통하는 성과 보장형 글쓰기 3단 프로세스	274

부록1 글쓰기 감각을 단련하는 자동화 루틴	279
부록2 잘 쓴 글을 단번에 구별하는 안목 키우기	283
부록3 AI와 함께하는 글쓰기 훈련	288

마치는 글 성과를 지배하는 글쓰기가 가장 확실한 투자처	294
주	299

1장

국제기구는 왜 당신의 글쓰기에 개입하는가

세계 표준 글쓰기의 탄생

디지털 대전환 이후, 일하는 방식이 완전히 바뀌었다. 보고는 문서로, 회의는 메신저로, 공유는 이메일로, 협의는 업무용 채팅으로 이뤄진다. 일의 중심이 '말'에서 '글'로 완전히 옮겨갔다. 그런데 구성원의 글쓰기 실력은 뒷걸음질하고 있다. 그 결과, 글쓰기는 시간 낭비를 넘어 핵심 성과지표KPI를 갉아먹고 있다. 이 문제를 해결하기 위해 국제표준화기구ISO가 직접 나섰다. 글쓰기도 이제 세계 표준을 따라야 하는 시대가 되었다.

조직의 생산성을 무너뜨리는 진짜 범인

만약 기업에서 당신에게 조직의 생산성 저하를 일으키는 원인이 무엇인지 찾아내라고 한다면 무엇부터 들여다볼 것인가? 조직의 경영진은 시스템이나 인력, 비효율적인 프로세스를 개선하려고 한다. 하지만 실제로 현장에서 생산성을 갉아먹는 결정적 요인은 다른 곳에 있다. 시스템이나 프로세스가 아니라 바로 임직원의 글쓰기 실력이다. 명확하지 않은 문서와 지시로 인한 시간과 비용의 손실은 생각보다 치명적이다. 부실한 글쓰기가 의사소통 오류와 생산성 저하의 핵심 원인이라는 것은 각종 연구가 입증한다.

고객데이터플랫폼인 CDP Customer Data Platform 에 따르면, 지식 근로자는 정보를 찾거나 문서를 재작성하는 데 전체 근무시간의 약 30%를 소비한다.[1] 만약 여기서 문서가 통과되지 않거나 정보가 비효율적으로 관리된다면 더욱 막대한 시간 낭비로 이어진다. 글로벌 조사기업 가트너Gartner에 따르면 비효율적인 데이터 관리로 인한 대기업 손실이 연간 평균 1,420만 달러(한화 약 200억 원)에 달한다고 한다.[2] 업무 관리 소프트웨어 기업인 아사나Asana의 보고서에서도 전 세계 지식 근로자의 58%가 잘못된 커뮤니케이션으로 인한 시간 낭비를 경험했으며, 명확한 문서를 작성하는 것이 업무 성과에 직접적인 영향을 미친다고 지적했다.[3]

임직원의 부실한 글쓰기는 단순한 의사소통의 문제를 넘어 기업과 개인 모두에 막대한 재정적 손실을 초래한다. 이 손실은 프로젝트 실패, 평판 하락, 생산성 저하, 법적 분쟁 등 다양한 형태로 조직의 기반을 흔든다.

부실한 글쓰기가 가져오는 손실은 얼마일까

대기업 A사 임직원을 대상으로 글쓰기 교육을 준비하며, 직원의 부실한 글쓰기가 실제로 얼마큼의 손실을 일으키는지 계산해봤다. A사의 전체 사무직 직원은 대략 2,000명이다. 이들은 이메일, 보고서, 제안서, 절차 문서 등 다양한 서면 커뮤니케이션과 문서 작성에 하루 평균 3시간 이상을 사용한다. 평균 연봉 7,000만 원인 직원 2,000명이 매일 3시간 이상을 이메일, 보고서, 제안서 같은 문서 작성에 사용한다면, 연간 1인당 약 2,625만 원(연봉의 37.5%)이 글쓰기 업무에 투입된다. 전체 직원 수로 환산하면 연간 약 525억 원을 쓰는 셈이다. 직원들이 글쓰기에 들이는 시간을 하루 한 시간만 줄여도, 1인당 연간 875만 원, 직원 전체를 합산하면 175억 원을 아낄 수 있다.[4]

공공부문도 예외는 아니다. 국립국어원이 2010년 현대경제연구원에 의뢰해 조사한 결과, 어려운 행정 용어로 인해 국민과 공무원이 치러야 하는 시간 비용은 1년에 약 170억 원으로 나타났다.[5] 2025년 평균 노동임금을 적용하면 이 손실액은 297억 원에 달한다.

그러나 이러한 손실은 회계상 드러나지 않고 조직 내에서 눈에 보이지 않게 누적된다는 점에서 더욱 치명적이다. 정보 검색과 재작성하는 시간, 서면 커뮤니케이션 오류 등으로 발생하는 비용은 재무제표에 표시되지 않으며, 인건비 등으로 포괄 처리된다. 이처럼 숨은 비용은 경영진이 인식하지 못한 채 계속 쌓여, 장기적으로 기업의 생산성 및 경쟁력 저하로 이어진다. 구체적으로 어떤 손실을 가져오는지 살펴보았다.

직접적 비용 손실

부실한 글쓰기로 인한 보고서, 계약서 오기 및 문장 오류는 거대한 비용 손실로 이어진다. 2018년 미국 유제품 회사인 오크허스트 데어리Oakhurst Dairy는 계약서에서 옥스퍼드 쉼표(셋 이상의 항목들을 구분하는 쉼표들 중에서 가장 마지막에 있는 쉼표) 하나가 빠진 문장 때문에 500만 달러(약 70억 원)의 초과근무 수당을 배상했다.[6] 2009년 영국의 정부 기관은 테일러 앤 선Taylor & Son Ltd.이라는 회사를 청산 대기 중으로 등록하려고 했지만 's'를 더하는 바람에 테일러 앤 선즈Taylor&Sons Ltd라는 다른 회사가 등록되어 버렸고, 이를 오해한 공급업체들이 대거 계약을 취소하면서 테일러 앤 선즈는 파산에 이르렀다.[7]

간접적 비용 손실

그래머리Grammarly와 더 해리스폴The Harris Poll이 공동 발표한 보고서에 의하면 미국 기업들은 명확하지 않은 문서와 커뮤니케이션으로 인해 연간 1조 2,000억 달러(약 1,600조 원)의 손실을 보고 있다. 미국 지식노동자 1인당 연간 12,506달러(약 1,800만 원)의 생산성이 불명확한 커뮤니케이션 때문에 사라진다. 또한 보고서에서는 사업을 이끄는 리더들 중 약 1/5이 불완전한 소통 때문에 거래를 잃었고, 72%의 비즈니스 리더가 팀 생산성이 소통에 직접적으로 영향을 받는다고 답했다.[8] 다양한 글로벌 리서치에서도 명확하지 않은 커뮤니케이션이 기업의 생산성과 경쟁력에 심각한 손실을 초래한다는 사실을 확인했다.

평판 및 신뢰도 하락

부실한 글쓰기로 인한 법적 위험과 평판 하락도 문제다. 미국 자동차회사 제너럴모터스GM는 엔지니어들에게 '문제'라는 단어 대신 '상태'로, '결함'이라는 단어 대신 '계획대로 작동하지 않는' 등 모호한 표현을 사용하도록 교육했다. 이런 금기어로 리콜이 늦어지자 결국 제너럴모터스는 17억 달러(약 2조 5천억 원)에 달하는 리콜 및 합의 비용을 부담하게 되었다.[9] 미국 옐로페이지Yellow Pages는 한 여행회사의 투어 상품 광고를 제작하면서 '이국적exotic'이라는 단어를 '에로틱한erotic'으로 잘못 표기하는 오타로 1,800만 달러(약 257억 원)의 손해배상 소송을 당했다.[10]

이러한 이유로 미국 기업은 매년 수십억 달러를 글쓰기 교육에 투자한다. 미국의 비영리 교육 단체인 칼리지보드College Board에서 실시한 조사에 따르면 미국 기업들은 연간 최대 30억 달러(약 4조 3천억 원)를 직원들의 글쓰기 교육에 지출한다고 추정했다.[11]

기업뿐의 문제일까? 조지프 킴블Joseph Kimble의 저서 《돈을 위해 쓰기, 기쁨을 위해 쓰기Writing for Dollars, Writing to Please》에는 미국 해군을 대상으로 한 실험 결과가 실려 있다. 해군 장교들을 두 그룹으로 나누고 각각에게 같은 지시지만 다른 스타일로 적힌 메모를 전달했다. 하나는 원래대로 쓴 메모이고, 다른 하나는 간결하고 쉽게 작성된 메모였다. 실험 결과, 간결하고 쉽게 작성된 메모를 받은 장교들이 지시 내용을 더 정확하게 이해했다. 다시 읽는 비율도 낮았으며 읽는 시간도 17~23% 단축되었다. 이 결과를 바탕으로 연구자들은 연간 비용 절감액을 산출했더니 2억 5천만~3억 5천만 달러(약 3,600억~5,000억 원)로 계산되었다. 미국 육군의 유사 실험에서도 간결하고 쉬운 언어로 작성된 메모를 받은 장교들이 같은 날 명령을 이행할 확률이 두 배 이상 높아졌고, 문서 교육을 통해 행동 전환율 또한 두 배로 높아졌다.[12]

이 사례들은 기업과 군을 비롯한 거의 모든 조직에서, 간결하고 명확한 글쓰기가 사람들의 이해를 높이고, 더 빠르고 정확한 행동을 이끌어낸다는 것을 보여준다.

디지털 미디어 기업 악시오스Axios의 조사에 따르면, 미국 직장인들은 비효율적인 커뮤니케이션Ineffective communication으로 연간 35일, 경영진은 연간 63일 이상을 허비한다. 이는 직원 1인당 연간 1만 달러(약 1,500만 원) 이상의 급여가 낭비되는 셈이며, 이는 조직의 목표 정렬과 실행력에 심각한 차질을 초래한다.[13] 그래머리의 2023년 보고서도 이를 뒷받침한다. 보고서에 따르면, 직장인은 일주일에 평균 7.47시간, 연간 43시간을 커뮤니케이션 오류를 바로잡는 데 허비하며, 이로 인한 비용이 직원 1인당 연간 12,506달러(약 1,800만 원)에 달한다.[14] 업무용 메신저 플랫폼 펌블Pumble 역시 2025년 보고서에서 팀 커뮤니케이션이 얼마나 잘 이뤄지는지에 따라 직원의 몰입도, 충성도, 성과에 긍정적 영향을 미친다고 분석했다.[15] 임직원의 부실한 글쓰기는 막대한 비용과 성과 저하를 불러와 기업의 생존능력까지 위협하는 것이다.

글쓰기 역량이 곧 조직의 경쟁력이다

코로나19 이후 수많은 일터가 업무를 디지털로 전환하면서 일하는 방식이 완전히 바뀌었다. 회의는 메신저로 대체되었고, 정보는 이메일로 공유되며, 거의 모든 판단과 의사결정은 문서와 문장으로 이뤄진다. 그런데 이 변화의 흐름을 따라가지 못한 단 하나가 있다. 바로 '글쓰기'다. 읽히지 않는 보고서, 내용을 되묻고 확인해야 하는 이메일, 조각난 정보를 맞춰야 하는 업무용 메신저는 명백히 업무에 방해되는 요소다. 시간뿐만 아니라 돈을 낭비하는 일이다.

경제협력개발기구OECD는 문해력이 문제 해결력, 생산성, 직업 적응력과 강한 상관관계를 가진다고 강조한다.[16] 자메이카 보험사인 BCIC는 고객용 안내서를 모든 고객이 이해할 수 있도록 쉬운 언어로 재작성해 직원 오류를 77% 줄이고, 생산성을 37% 높였으며, 고객 문의도 17% 이상 줄였다.[17]

이처럼 조직의 글쓰기 기준을 바꾸면 고객에게서 의도한 행동을 빠르게 얻어내고 그 결과, 조직의 성과가 달라진다. 이러한 변화가 놀라운 것은 조직의 구조나 운영시스템을 바꾸는 식의 방대한 움직임에서가 아니라 단지, 임직원의 글쓰기 기준을 바꿨을 뿐이라는 점이다. 글이 바뀌니 일이 달라지고, 일이 달라지니 성과가 달라졌다.

임직원의 글쓰기는 조직의 핵심 성과 지표KPI와 직접 연결된다. 그 이유는 글쓰기가 단순한 의사소통의 수단이 아니라 '업무의 목적-과정-기대 결과'를 명확하게 구조화하는 과정이기 때문이다. 성과를 내는 사람은 '왜 이 일을 해야 하는지'와 '무엇을 기대하는지'를 고민하고, 이를 체계적으로 문서화한다. 이 과정에서 머릿속에만 있던 아이디어는 구체적인 실행 계획으로 바뀌고, 명확하게 정리된 글은 협업과 의사결정, 결과 예측의 정확도를 높인다. 즉, 글쓰기는 핵심 성과 지표를 달성하기 위한 핵심 실행 도구다.

세계적 기업이 선택한
단 하나의 글쓰기 기준

AI가 세상을 바꾼다. 하지만 AI를 움직이고, AI로 경쟁력을 높이는 것은 프롬프트 박스에 명확하게 글을 쓸 줄 아는 사람이다. 기술직이더라도 예외는 아니다. 글쓰기는 일하는 모든 사람의 생존 기술이다. 노벨상 수상자 제프리 힌턴Geoffrey Hinton 교수가 2025년 인터뷰에서 'AI로 대체되지 않는 직업'으로 배관공을 뽑아 화제가 되었다.[18] 그러나 배관공도 마케팅을 위해 시간을 쪼개 글쓰기 수업을 듣는다. 마케팅, 홍보, 고객 유치의 무대가 디지털 공간으로 바뀌면서 고객은 검색이나 AI 추천을 통해 기술자를 찾기 때문이다. 링크드인LinkedIn의 연구에 따르면 2023년과 2024년, 2년 연속으로 '모든 직군에서 반드시 요구되는 필수 역량 1위'로 커뮤니케이션 능력을 꼽았다.[19] AI 시대에도 명확하고 효과적인 커뮤니케이션이 조직과 개인의 성장을 좌우한다는 사실을 세계 최대 비즈니스 네트워크가 증명한 셈이다. 실제로 글로벌 임원의 90%가 커뮤니케이션 중심의 소프트 스킬Soft Skill이 중요하다고 답했다. 세계 최고 기업에서 최고의 성과를 내는 실무자들에게 글쓰기는 단순한 소통 기술이 아니다. 복잡한 사고를 간결한 구조로 풀어내고, 명확하게 전달해 생산성과 성과를 높이는 혁신의 도구다.

조직 성공의 핵심 원칙은 명확한 글쓰기다

뭘 해도 잘 되는 회사는 소통이 잘된다. 소통이 잘되니 생산성이 높고, 협업이 원활하며, 고객 대응도 빠르다. 반면 뭘 해도 잘 안되는 회사는 소통이 안 된다. 소통이 무너지면 보고서는 한 번에 통과되지 않고, 이메일 회신은 끊기며, 고객 응대는 엉키고, 성과는 지연되며, 비용은 증가한다. 이는 곧 기업의 이미지와 수익성에 악영향을 미친다. 따라서 글쓰기 실력을 개인의 역량으로만 치부해서는 안 된다. 구성원 중 누군가가 글을 잘 쓴다고 해서 조직 전체의 커뮤니케이션 품질이 향상되는 것이 아니기 때문이다. 글쓰기는 조직의 시스템 안에서 기획되고 관리되어야 하며, 글쓰기 기본기를 업무 역량으로 정착시켜야 한다. 가장 빠른 방법은 조직별로 '글쓰기 가이드라인'을 갖추는 것이다. 이 가이드라인은 누구나 글로벌 수준의 조직 커뮤니케이션에 부합하는 글쓰기를 보장하는 최소한의 기준이다.

글로벌 기업과 국내 선도 기업 모두 언어를 단순 도구가 아닌 전략적 자산으로 관리하며, 명확한 언어가 고객 신뢰와 경쟁력으로 직결된다는 사실을 잘 알고 있다. 그래서 '세계 수준 world-class'의 기업들은 이미 '명확한 글쓰기'를 조직문화 차원의 업무 표준으로 삼고 있다. 내부 의사소통 효율과 실행력을 극대화하기 위해서다. 아마존의 성공 비결 역시 비즈니스 모델보다 조직문화, 특히 글쓰기와 내러티브 문화에 있다고 평가받는다. 아마존의 '식스페이저 6 pager'는 창업자 제프 베이조스 Jeff Bezos 가 "우리는 파워포인트 대신 서술형 내러티브 문서 Narrative Memo를 사용한다. 이는 깊이 있는 사고와 명확한 의사결정을 가능하게 한다"고 강조할 정도로, 논리적 구조와 명확성을 중시한다. 회의 전 모든 참석자는 6쪽 분량의 메모를 정독한 뒤 논의를 시작하며, 누구나 핵심을 쉽게 파악할 수 있도록 작성된 문서가 원칙이다. 복잡하고 논리적 흐름이 약한 슬라이드 대신, 명확하고 간결한 서술형 문서를 통해 신속한 의사결정이 가능하다. 이런 글쓰기 원칙은 구글, 마이크로소프트, 애플, 에어비앤비, 넷플릭스 등에서도 공통으로 확인된다. 아래 인용문으로 각 기관의 공식 스타일 가이드, 개발자 문서, 교육 자료 등에서 발췌한 자료를 실었다. 일부는 직접 인용이고, 일부는 공식 가이드의 핵심 원칙을 요약·의역했다(각 기관의 공식 웹사이트, 개발자 센터, 문서 작성 가이드 등에서 확인할 수 있다).

구글 Google

"명확성, 정확성, 간결함이 구글 문서 작성의 가장 중요한 목표입니다."

"Clarity, accuracy, and conciseness are the most important goals for Google documentation."

"사용자가 쉽게 훑어보고 필요한 정보를 찾을 수 있도록 내용을 구성하세요."

"Organize your content so that users can easily scan and find the information they need."

마이크로소프트 Microsoft

"명확하고, 간결하며, 대화체에 가까운 언어로 작성하세요."

"Write in crisp, clear, conversational language."

"마이크로소프트 문서의 최우선은 명확성입니다."

"Clarity is the top priority in Microsoft writing."

애플 Apple

"간단하고, 명확하며, 직접적으로 작성하세요."

"Write simply, clearly, and directly."

"내용을 쉽게 훑어볼 수 있도록 구조화하세요."

"Structure your content so it's easy to scan."

"모든 사람이 접근할 수 있도록 콘텐츠를 작성하세요."

"Make your content accessible to everyone."

에어비앤비 Airbnb

"게스트들은 대개 훑어봅니다. 간결하게 작성하세요."

"Guests often scan. Keep it brief."

넷플릭스 Netflix

"일관되고, 반복이 가능하며, 구조화된 문서를 작성하세요."

"Write documentation that is consistent, repeatable, and structured."

"명확성과 간결함이 핵심입니다."

"Clarity and conciseness are key."

이들 기업은 명확하고 일관된 구조, 간결한 표현을 공식 원칙으로 삼고, 누구나 쉽게 정보를 찾고 이해할 수 있도록 문서를 설계한다. 글로벌 기관과 대학도 마찬가지다.

OECD

"문장은 평균 15~20단어로 짧게 유지하세요."

"Keep sentences short(average length 15~20 words)."

"문서를 구조화하기 위해 제목과 부제목을 사용하세요."

"Use headings and subheadings to structure your document."

"명확성과 접근성이 필수적입니다."

"Clarity and accessibility are essential."

하버드대학교 Harvard University

"기교보다는 명확성을 선택하세요."

"Choose clarity over cleverness."

"간결하게 쓰세요."

"Be concise."

"쉬운 언어를 사용하세요."

"Use plain language."

매사추세츠공과대학교 MIT

"과학과 공학에서 효과적인 소통을 위해서는 명확하고, 간결하며, 잘 구조화된 글쓰기가 필수적입니다."

"Clear, concise, and well-structured writing is essential for effective communication in science and engineering."

"독자를 위해 글을 쓰세요. 주요 내용을 쉽게 찾고 이해할 수 있도록 글을 구성하세요."

"Write for your audience. Organize your writing so that your main points are easy to find and understand."

유엔 UN

"명확성과 일관성이 UN 문서의 가장 중요한 특성입니다."

"Clarity and consistency are the most important qualities of United Nations documents."

"명확하고, 단순한 언어로 작성하세요."

"Write in clear, simple language."

글로벌 기업, 기관과 학교에서 명확한 글쓰기를 강조하는 이유는 그것이 조직의 성공과 경쟁력에 결정적이기 때문이다. 명확한 글쓰기는 불필요한 정보를 줄이고, 핵심만을 간결하게 전달해 읽는 이의 행동을 효과적으로 유도한다. 불분명한 메시지가 만드는 오해와 문의사항을 줄여 업무 효율성과 의사결정 속도를 높인다. 상대방이 쉽게 이해할 수 있도록 문서를 작성하는 능력은 곧 업무 역량을 보여주는 지표다. 명확하게 작성된 문서는 오해와 실수를 줄이고, 동료와 조직이 해당 직원의 업무 이해도와 소통 능력을 신뢰하게 만든다. 결과적으로, 명확한 글쓰기 역량은 개인의 전문성과 커리어 경쟁력까지 좌우한다.

국제표준화기구가 제정한
세계 표준 글쓰기 원칙

지금 세계는 학위보다 실질적 역량을 우선시하는 '스킬-퍼스트 Skills-First'로 인재를 평가하고 채용한다. OECD는 이러한 전환점에서 자신의 기술을 세상에 명확하게 알리는 능력이 미래 인재의 핵심 역량임을 강조한다. 이제는 무엇을 할 줄 아느냐보다 그것을 어떻게 보여주느냐가 기회를 결정한다는 것이다. OECD는 이를 '스킬 시그널링 Skill Signalling'이라 설명한다.[20] 글쓰기는 그 자체로 자신의 경쟁력을 보여주는 도구다. 이제 당신의 글이 당신의 성과이고 경쟁력이며, 미래다.

나는 언젠가 우리나라의 대표적 기업 중 한 곳에서 재직하는 팀장으로부터 글쓰기 교육을 요청하는 이메일을 받은 적이 있다. 메일을 읽는 동안 나는 세 번이나 메일 앞부분으로 돌아가

그의 자기소개를 다시 읽었다. 그는 스스로를 '핵심 부서 팀장'이라고 소개했지만, 문장과 내용이 산만하고 장황해서 전혀 핵심 부서의 팀장처럼 보이지 않았기 때문이다. 더 놀라운 일은 교육 현장에서 일어났다. 그의 동료가 그를 두고 '사내 보고서 작성 5위'에 해마다 뽑히는 사람이며, 회사를 대표할 정도로 '글 잘 쓰는 사람'이라고 소개했다. 같은 사람이 쓴 글인데, 왜 보고서와 이메일에서 이렇게 차이가 나는 걸까?

보고서를 잘 쓰는 직장인조차 이메일, 업무용 메신저, SNS 등 디지털 채널에서는 글쓰기가 엉성해지기 쉽다. 그 이유는 보고서의 '선형적 글쓰기'와 디지털 채널의 '비선형적 글쓰기', 즉 각적 소통이라는 구조적 차이 때문이다. '선형적 글쓰기'는 서론–본론–결론처럼 논리적 흐름에 따라 정보를 순차적으로 전개하는 방식이고, '비선형적 글쓰기'는 짧게 조각난 정보, 댓글, 이모티콘 등 다양한 요소가 실시간으로 뒤섞이며 예측 불가능하게 전개되는 디지털 환경의 특성을 말한다.

대부분의 일터가 디지털 환경으로 전환되면서 소통은 편리해진 반면 업무 집중도에 문제가 생겼다. 마이크로소프트의 〈2025 Work Trend Index〉에 따르면, 지식노동자는 하루 평균 275회(약 2분마다 한 번꼴) 회의, 이메일, 채팅 알림으로 업무에 방해를 받는다. 주요 업무시간 동안 이메일과 팀즈Teams 메시지, 회의 등 여러 디지털 채널을 끊임없이 오가게 된다. 특히 오전 8시 이후에는 이메일보다 팀즈 메시지가 더 많이 활용되며, 하루 평균 153건의 팀즈 메시지를 주고받는 것으로 나타난다. 디지털 소통이 일상화되면서 커뮤니케이션 방식도 비선형적으로 변화하고 있다. 이처럼 기업 현장에서도 업무용 메신저 같은 다양한 디지털 채널을 통한 비선형적 글쓰기가 주류다. 정보는 그때그때 빠르게 전달되고, 짧은 시간 안에 스캔되어 처리된다. 그러나 메시지가 빠르고 짧게 오간다고 해서 오해 없이 정확하게 전달되고, 곧바로 실행된다는 것을 의미하지는 않는다. 오히려 복잡한 디지털 환경에서 명확하지 않은 메시지는 오해와 시간 낭비, 잘못된 의사결정으로 이어질 위험이 크다.

커뮤니케이션 전문가 에리카 다완Erica Dhawan은 비선형 소통이 새로운 표준이 된 디지털 시대에, 어떻게 해야 신뢰와 공감이 갖춰진 소통이 가능할까를 고민했다. 다완이 2,000명의 직원과 관리자를 대상으로 조사한 결과, 70%가 '디지털 커뮤니케이션이 불명확하다'고 답했고, 이로 인해 매주 약 4시간, 전체 업무시간의 10%를 낭비한다고 밝혔다.[21] 더 큰 문제는 소통의 혼선이 신뢰와 직무 만족도까지 떨어뜨린다는 점이다. 디지털 소통에 어려움을 겪는 조직은 신뢰 수준이 80%, 직무 만족도가 50% 이상 감소하는 경향을 보인다. 또한 다완의 저서 《디지털 보디랭귀지Digital Body Languaue》에서는 '디지털 환경에서 발생하는 오해는 곧바로 생산성 손실로 이어진다'고 전제하고 '주의 깊게 읽는 것이 새로운 경청이고, 명확하게 쓰는 것이 새로운 공감'이라고 결론짓는다.

이제 글쓰기는 단순히 '잘 쓴다'의 문제가 아니라, 조직의 효율성과 생산성, 재정적 성과로 직결되는 결정적 변수다. 직장인의 핵심 업무는 글쓰기이며, 글은 업무의 시작이자 끝, 실력의 증거이자 성과의 기록, 평판의 기준이 된다. 신뢰를 쌓고 협업을 이끄는 결정적 수단인 셈이다. 이것이 국제표준화기구ISO가 당신의 보고서에 개입해야 하는 이유다.

전 세계가 요구하는 평이한 문서

평이한 문서란 복잡한 용어나 불필요한 설명을 걷어내고 누구나 쉽게 이해할 수 있도록 작성된, '평이한 언어plain language' 캠페인의 기준에 부합하는 문서를 의미한다. 디지털 채널의 비선형적 글쓰기가 생산성과 성과 저하의 주범으로 인식되면서 이런 문제를 해결하는 방법으로 평이한 언어가 급부상되었다. 글로벌 조사Labrador & BVA Group에 따르면, 평이한 언어로 작성된 문서는 기존 문서보다 이해도가 38% 높고, 기억력은 41% 향상되며, 72%의 독자가 이를 선호한다. 누구나 쉽게 이해할 수 있는 명확한 글쓰기가 실제 업무 효율성과 커뮤니케이션 품질을 높이는 데 더 없이 효과적이라는 증거다. 그 외에도 '평이한 글쓰기' 실험과 효과는 조지프 킴블의 저서 《돈을 위해 쓰기, 기쁨을 위해 쓰기》에 집중적으로 소개된다.

디지털 시대에는 보고서를 작성하는 선형적 글쓰기뿐만 아니라, 이메일이나 업무용 메신저 등에서 요구되는 비선형적 글쓰기 모두 능숙하게 다룰 수 있어야 한다. 이러한 전천후 글쓰기 실력의 핵심은 '의도에 맞게 의미 있는 결과를 만들어내는 명확한 글쓰기'에 있다. 이 같은 변화와 필요성에 대응하기 위해 국제표준화기구ISO는 2023년 '평이한 언어'의 원칙과 가이드라인을 담은 〈ISO 24495-1〉을 제정했다.

전 세계 170개국이 참여하는 국제표준화기구ISO에서는 지금까지 약 2만 5천 개의 표준을 발표했다. 대부분 안전, 품질경영, 비상 상황 대응 등 기술·절차 중심의 기준을 세계 표준으로 만들었다. 예를 들어 〈ISO 22320〉은 비상사태 대응 지침으로 응급상황에서도 정확하고 빠른 소통을 보장하는 기준을 제공한다. 따라서 이 표준은 응급의료센터 등에서 정보 전달과 절차 준수를 위한 기준으로 활용된다. 이렇듯 국제표준화기구ISO는 원래 산업과 기술, 제품의 품질과 안전을 표준화하는 세계기구다. 하지만 아무리 정교한 기술이라도 이를 설명하는 문서가 불명확하면 심각한 사고나 손실로 이어질 수 있다는 문제가 반복적으로 드러났다. 이를 해결하기 위해 ISO는 사상 최초로 '글쓰기 방식 자체'를 표준화했다. 명확하지 않은 문서는 개인과 조직, 사회 전반의 안전성과 책임 구조까지 위협할 수 있기 때문이다.

〈ISO 24495-1〉은 독자가 쉽고 빠르게 이해하는 글을 쓰자는 '평이한 언어plain language' 사용에 대한 국제적 합의를 공식화한 것이다. 2023년 제정된 이 표준은 이미 여러 나라의 공공기관과 기업 문서에 적용되고 있으며, 실무 문서의 품질 기준으로 자리 잡았다. 〈ISO 24495-1〉 제3장 '용어와 정의'에서는 평이한 언어를 이렇게 정의한다.

> Plain language is communication in which wording, structure and design are so clear that intended readers can easily find what they need, understand what they find, and use that information.
>
> 문장의 표현·구조·디자인이 명확하여, 독자가 원하는 정보를 쉽게 찾고, 이해하고, 활용할 수 있게 하는 커뮤니케이션이 곧 평이한 언어다.

〈ISO 24495-1〉은 누구나 읽고, 이해하고, 행동할 수 있도록 정보를 설계하라고 요구한다. 잘 쓰는 글을 넘어, 목적이 명확한 글은 4가지 핵심 원칙(관련성, 발견성, 이해성, 사용성)에 따른다. 즉 읽는 사람이 필요한 정보를 빠르게 찾고 쉽게 이해하며 행동할 수 있도록 써야 한다. 문서에서는 "글은 문서든, 웹이든, 앱이든 모든 채널에서 명확하고 일관된 구조로 전달되어야 한다"고 강조한다. 이는 세계 표준에 맞춰 글을 쓰면, 독자의 문해력 수준이나 읽기 환경에 상관없이 누구나 쉽고 빠르게 이해하고, 의도한 반응을 끌어낼 수 있다는 의미다. 세계 표준에 부합하는, 기본에 충실한 글쓰기 역량을 갖추는 것이 소통 대란의 시대를 돌파하는 핵심 의사소통 능력이다.

문해력은 죄가 없다,
문제는 글쓰기다

"보험을 짧고, 쉽게. 어려운 내 보험, 한 번에 이해하기."

이 광고 문구는 지금 우리가 마주한 읽기 환경과 소비자의 이해 수준을 잘 보여준다. 상품 자체의 경쟁력은 거의 평준화되었고, 이제는 '어떻게 설명하느냐'가 선택을 가르는 중요한 기준이 되었다. 디지털 정보가 넘쳐나는 데다, AI 요약 기술의 발전으로 사람들은 더욱 간결한 정보 전달을 바라고, 집중력은 점점 떨어져 업무에서도 한정된 시간 안에 결정자의 주의를 끌어야 한다. 복잡하고 긴 설명은 점점 더 받아들여지지 않는다.

'문해력'은 여전히 도마에 오르내리지만, 문제의 핵심은 글을 쓰는 사람이 독자의 입장을 헤아리지 않고 명확하게 쓰지 않는 것에 있다. 예를 들어, '사흘'은 '3일'이라 쓰면 아무 문제가 없다. '중식'을 '점심'이라고 쓰면 더 이상 문해력 시비는 없다. 읽는 이의 문해력 부족을 탓하기 전에 글쓴이의 책임을 먼저 돌아봐야 한다. 글을 쓰는 사람은 읽는 사람이 내용을 쉽게 이해할 수 있도록 쓸 책임이 있다. 걸핏하면 보도되는 문해력 논란도 결국 독자의 입장을 고려하지 않은 책임 없는 글쓰기에서 비롯된다. 그렇다면 어떻게 써야 할까? 그 해답은 읽는 이의 문해력 수준이 높은지 낮은지에 관계없이 누구나 쉽게 읽고 빠르게 이해하며 실행할 수 있는 세계 표준 글쓰기 〈ISO 24495-1〉 문서에 있다. 다음은 이 문서의 5가지 특징이다.

세계 표준 글쓰기의 시작점, 〈ISO 24495-1〉

첫째, 〈ISO 24495-1〉은 읽는 이를 위한 작가의 의무를 명시한다. 〈ISO 24495-1〉은 글 읽는 사람을 '독자'라 지칭한다. 여기서 독자란 '문서를 보고, 듣고, 만지거나, 스캔해 특정 정보를 찾는 모든 사람'이다. 그런 의미에서 사람들이 작성한 프롬프트를 읽는 AI도 독자라 할 수 있다. 여기서 문서란 보고서 같은 인쇄물뿐 아니라 이메일, 웹페이지, 사용서, 기사 등 디지털 정보를 모두 포함한다. 〈ISO 24495-1〉은 쓰는 이를 '작가'라 지칭한다. 문서를 개발하는 사람뿐 아니라 콘텐츠 개발자, 관리자, 정보설계자, 홍보담당자, 입법 초안 작성자, 번역가, UX 작가, 프로젝트 관리자 등 다양한 역할자를 포함한다.

둘째, 〈ISO 24495-1〉은 평이한 글쓰기의 세계 표준이다. 세계 각국 정부와 기업은 오래전부터 '이해하기 어려운 문서'가 초래하는 손실과 비용에 주목해왔다. 영국 정부는 '평이한 영어' 캠페인을, 미국 정부는 2010년 '평이한 글쓰기 법Plain Writing Act'을 도입해 행정 낭비와 국민의 시간 손실을 줄이고자 했다. 〈ISO 24495-1〉은 이러한 세계적 요구를 반영해 제정됐으며, 그 목표는 '쓰는 이가 의도한 독자와 효과적으로 소통하는 문서를 개발'하는 데 있다.

셋째, 〈ISO 24495-1〉은 의사소통을 위한 글쓰기 기술이다. ISO는 평이한 글쓰기를 '독자가 필요한 것을 쉽게 찾고, 이해하며, 사용할 수 있도록 의도하는 커뮤니케이션'으로 정의한다. 업무적인 내용은 물론, 법률 계약서나 정부 문서도 관련 지식 없는 독자가 이해할 수 있게 하는 것이 평이한 글쓰기의 목표다. 평이한 글쓰기는 글을 쓰는 사람, 읽는 사람, 실행하는 사람 모두에게 적용되며, 일반 기업, 공공기관까지 활용이 가능한 의사소통 기술이다. 글쓰기 세계 표준은 실무 중심의 글쓰기를 통

세계 표준 글쓰기 〈ISO 24495-1〉 4대 원칙

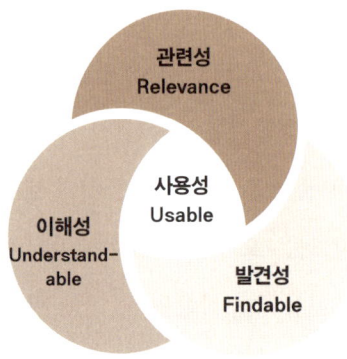

출처: 〈ISO 24495-1〉, Plain language—Part 1: Governing principles and guidelines

해 조직 내외부의 문서 커뮤니케이션을 직접 개선하는 데 초점을 맞춘다. 이는 조직의 운영 효율성과 고객 만족도를 높이는 데 도움이 된다.

넷째, 〈ISO 24495-1〉은 일하는 모든 사람에게 적용된다. 대부분의 국제표준화기구ISO 표준은 각각 해당 분야에 종사하는 전문가를 위한 표준이다. 하지만 세계 표준 글쓰기는 일상과 업무에서 글쓰기로 고민하는 모든 사람에게 적용되는 '모두의 표준'이다.

다섯째, 〈ISO 24495-1〉은 세계 표준으로 4가지 원칙을 제시한다.

관련성: 독자가 필요한 것을 얻는다.

→ 문서를 읽는 이유 혹은 궁금증을 충족하도록 써야 한다.

발견성: 독자가 필요한 정보를 쉽게 찾는다.

→ 정보를 한눈에 파악하도록 구조화하여 써야 한다.

이해성: 독자가 정보를 빠르게 이해한다.

→ 정보를 빠르게 이해하도록 써야 한다.

사용성: 독자가 정보를 쉽게 사용한다.

→ 정보를 사용함에 불편이 없도록 검토하고 개선해야 한다.

⟨ISO 24495-1⟩은 미국, 캐나다, 영국, 호주, 남아프리카공화국 등에서 국가 표준으로 채택되거나, 정부와 공공기관에서 공식적으로 권장되고 있다(우리나라는 아직 국가 표준으로 제정하지는 않았다).

⟨ISO 24495-1⟩에서 소개글은 이렇게 시작한다.

Plain language is communication that puts readers first.

독자를 최우선으로 생각하는 의사소통이다.

보고서, 이메일, 제안서 같은 업무 글쓰기에서 가장 중요한 것은 표현도, 전달도 아니다. 핵심은 '의사가 소통되었는가?'다. 표현은 정확한 전달을 위해 쓰이고, 전달은 의사소통을 위해 쓰인다. 즉 의도한 대로 독자의 반응을 끌어내기 위함이다. 〈ISO 24495-1〉은 '글을 잘 쓰는 법'을 말하지 않는다. 읽고, 이해하고, 행동하게 만드는 실행 중심 글쓰기의 원칙을 제시한다. 독자를 고려해 내용을 정리하고, 구조를 설계하며, 적절한 단어를 선택하고, 짧은 문장으로 쓰고, 마지막까지 검토하고 개선할 것을 요구한다.

이것이 바로 세계가 합의한 직장인 글쓰기의 새로운 기준이다. 이 기준을 실제 글에서 실현하는 구체적인 방법과 지침이 바로 책에서 전달하는 '글쓰기 코드CODE'다. 〈ISO 24495-1〉이 직장인 글쓰기의 '세계 표준'이라면 '글쓰기 코드'는 '세계 표준'을 100% 반영하여 한국 직장인에 특화된 업무용 글쓰기의 기본기다.

기본에 충실한 글쓰기 역량은 일하는 사람이라면 누구나 배우고 익혀야 하는 필수 역량이다. 따라야 하고, 지켜야 하며, 반복해야 하는 실무 역량이다. 뒤에서 더 자세히 다루겠지만 글쓰기 코드는 이 기본기를 실전에 적용할 수 있도록 만든 실행 매뉴얼이다. 세계 표준 글쓰기 원칙을 직장인의 업무 환경에 맞춰 4단계 기본기로 재구성했다. 각 단계는 다시 4가지 세부 기술로 나뉘며, 총 16개의 글쓰기 기본 기술로 세계 표준 글쓰기를 구성한다. 각 기본기는 모두 기억하기 쉽고 실행하기 쉬운 공식 형태로 정리되어 있다. 이 책을 통해 글쓰기 코드를 습득해서 사용하면 독자를 고려하고, 정보를 읽기 좋게 정리하며, 문장을 명확히 쓰고, 실행을 유도하는 글쓰기 능력을 자유자재로 발휘하며 의사소통할 수 있게 된다. 업무 성과와 그에 따른 평판, 커리어까지 바꾸는 '세계 수준의 글쓰기'를 지금 시작하자.

한 끗 차이로 달라지는
기업 간 경쟁력

직장인의 글쓰기에서 중요한 것은 기본에 충실한 명확한 글쓰기다. 기본에 충실하다는 것은 의사소통의 본질적 목적을 달성한다는 뜻이다. 독자가 정보를 쉽고 빠르게 이해하고, 의도한 대로 활용할 수 있도록 돕는 것이 직장인 글쓰기의 본질이다. 직장인이 써야 할 글은 수사적으로 아름다운 명문名文이 아니라, 오해 없이 빠르게 전달되는 명문明文이어야 한다.

스페인 에너지 기업 이베르드롤라Iberdrola는 복잡한 청구서와 계약서를 아이콘과 그래프로 재설계하고 〈언어 명료성 지침서Guía de lenguaje claro〉라는 내부 문서를 만들어 모든 부서가 같은 원칙으로 문서 작성에 임하도록 했다.[22] 문서를 활용한 워크숍을 진행하고 '평이한 언어'라는 인증도 받았다. 그 결과로 고객 만족도가 증가하고, 불필요한 문의가 감소하면서 이를 처리하는 클레임 비용이 줄었으며, 조직 내 효율성이 향상되었다고 발표했다.[23] 에어비앤비 또한 호스트와 게스트 간에 명확하고 신뢰성 있는 소통을 위해 '에어비앤비 커뮤니티 기준Community Standards'라는 이름으로 서비스 메시지에 대한 가이드를 철저히 관리한다.

국내 기업들도 경쟁력 있게 움직이고 있다. LG유플러스는 '고객 언어 혁신' 캠페인을 열고 전문 용어나 한자체, 외래어를 고객의 관점에서 쉬운 언어로 순화했다. 또한 '진심체'라는 고객 중심 언어 스타일을 도입해 공지, 안내, 상담에 적용했다.[24] 덕분에 고객들로부터 "이해하기 쉽다", "배려가 느껴진다"는 긍정적 평가가 이어졌으며, 응대 품질도 향상되었다.

SK텔레콤은 '고객 언어 연구팀'을 운영하며 주요 서비스 안내 문구를 실사용자 관점에서 점검하고, 사용성 테스트를 거쳐 누구나 이해하기 쉬운 고객 언어를 구축했다. KB손해보험도 '고객 언어 가이드'와 권장 용어사전을 만들어 약관, 안내문, 앱 UI 문구 등 고객 언어를 체계적으로 개선 중이다. 이 국내 기업들은 〈ISO 24495-1〉을 공식 국가 표준이나 사내 공식 규범으로 채택하지는 않았으나, 〈ISO 24495-1〉의 원칙을 조직 차원에서 적용하는 과정에 있다고 볼 수 있다.

세계 최고의 직장은 무엇을 요구하는가

삼성전자는 세계에서 가장 일하고 싶은 직장 중 하나다. 글로벌 경제 전문지 포브스Forbes 선정 '세계 최고의 직장' 조사에서 2020년부터 여러 해 연속 1위를 기록하는 등 지금까지도 상위권을 유지하며 글로벌 기업 문화를 선도하고 있다. 전 세계 50개국, 17만 명 이상을 대상으로 하는 이 조사는 직원 만족, 조직 이미지, 글로벌 협업, 경영 신뢰, 추천 의향 등을 종합 평가한다. 삼성이 지속적으로 높은 평가를 받은 이유는 포브스가 선정 기준으로 삼은 '경제적 영향력, 인재 개발, 사회적 책임' 분야에서 꾸준히 높은 점수를 받아왔기 때문이다. 그러나 단지 복지나 제도 때문만은 아니다. 이 모든 것을 가능하게 한 것은 임직원 간의 신뢰를 중심으로 한 소통 문화에 있다.

포브스의 평가 항목 중에는 '글로벌 협업'과 '경영 신뢰'가 있는데 이는 조직 내 커뮤니케이션과 연관되어 있다. 포브스가 일관되게 강조했던 것이 신뢰를 중심으로 한 커뮤니케이션의 중요성이기 때문이다. 포브스는 '투명하고 열린 커뮤니케이션이 신뢰 형성의 핵심'이라고 밝히며, 커뮤니케이션 품질 없이는 조직문화의 혜택도 진정성 있게 작동할 수 없다고 밝혔다.

삼성전자는 보고서, 이메일, 협업 문서 등 모든 실무 커뮤니케이션에서 명확하고 간결한 의사소통을 실천하고 있으며 이를 조직 전반의 경쟁력으로 발전시켰다. 삼성전자는 공식적으로 사내 글쓰기 기준을 밝히진 않았지만, 대외 문서를 살펴보면 문서 전반에서 일관된 소통 원칙이 작동하고 있음을 확인할 수 있다.

문서는 표준어로 간명하게 작성해야 하며, 복잡한 표현을 피하고 명확하게 전달해야 한다. 기안문 작성 시 불필요한 내용을 배제하고, 핵심 위주로 간결하게 서술하는 것을 원칙으로 한다. 문서의 항목 구분, 제목, 본문 구성에 있어 일관성과 명확성을 유지한다.

이러한 소통 기준은 세계 표준 글쓰기 원칙과 상당 부분 일치한다. 실제로 삼성전자의 공식 사업보고서, 지속가능경영보고서, 투자자 공시자료 등을 보면 복잡한 전문 용어 사용을 지양하고, 핵심 정보를 요약하며, 표와 도표를 적극 활용해 가독성을 높이는 등 세계 표준 글쓰기 원칙이 구체적으로 반영된 사례를 다수 확인할 수 있다. 이는 삼성전자의 문서 작성 가이드가 이미 국제적 기준에 부합하며, 사내 문화 속에 뿌리내려 있음을 보여준다.

삼성전자는 2030년까지 업무 영역의 90%를 AI로 지원하겠다고 선언했다. AI를 가장 잘 활용하는 회사, AI로 업무의 효율성과 성과를 극대화하겠다는 전략이다. 이미 의사소통 역량이 기업 경쟁력의 핵심임을 인식하고 발전시켰던 삼성전자가 AI 활용 전략까지 구체화한다면, 그 위상은 더욱 공고해질 것이다. AI 활용 전략의 본질은 기술이 아니라 구성원의 소통 역량에 있기 때문이다. AI는 데이터를 계산하지만, 의미를 만들고 판단을 결정하는 것은 데이터를 다루는 사람이다. 데이터를 명확하고 일관되게 다루어 소통하는 역량, 그중에서도 글쓰기 역량이 기업의 지속 가능성과 경쟁력을 결정한다.

하버드 비즈니스 리뷰HBR는 '조직에서 효과적인 의사소통은 단순히 글을 덜 쓰는 것이 아니라, 읽기를 더 쉽게 만드는 것'이라 발표했다. 따라서 조직은 이메일부터 보고서에 이르기까지 모든 측면에서 명확성과 일관성을 보장하는 의사소통 기준을 명확하게 정의해야 한다고 촉구했다.[25]

물론 임직원의 시간 손실 원인이 모두 부실한 글쓰기 역량 때문만은 아니지만, 글쓰기 실력은 기업과 공공조직 모두에서 수백억 원대 비용 절감과 생산성 향상에 직결되는 핵심 역량임이 분명하다. 직원들의 글쓰기 기준만 바꿔도 조직 성과가 달라질 수 있다면, 임직원의 글쓰기를 더 이상 개인에게만 맡겨둘 수 없다. 결국 직장인의 글쓰기와 문서 커뮤니케이션 능력은 조직의 성과와 개인의 커리어 발전을 좌우하는 결정적 요인이다. 글쓰기 실력만 개선해도 조직은 수백억 원의 비용 절감과 함께, 전략 실행력과 경쟁력까지 강화할 수 있다.

글쓰기 기준을 바꾸면 경험하는
일머리 대혁신

한 해 동안 번 영업이익으로 대출이자를 갚지 못하는 기업을 '좀비기업'이라 한다. 한국은행이 발표한 〈2024년 기업경영분석 결과〉에 따르면 우리나라 기업 중 41.9%가 좀비기업으로 밝혀졌다. 좀비기업은 정상적인 경영 활동이 어려운 상태로, 그 수는 해마다 역대 최고치를 경신하고 있다. 문제는 이런 위기가 단지 경기 부진이나 재무 부실 때문만은 아니라는 데 있다. 디지털 전환이 미흡한 조직은 정보 흐름이 단절되고, 소통에 혼선이 반복되는 디지털 리스크Digital Risk가 축적되어 결국 기업의 정상화를 방해하고, 좀비기업으로 전락할 위험을 높인다.[26] 특히 코로나로 인한 디지털 대전환 이후 업무환경과 커뮤니케이션 방식이 급격히 바뀌면서, 대응 전략 없이 이를 받아들인 조직은 디지털에 적응하지 못한 채 혼란에 빠졌다.

　디지털 리스크는 오프라인 중심이었던 업무가 메신저, 이메일, 협업툴 등 디지털 채널 중심으로 옮겨가면서 생겨난 부작용이다. 이 과정에서 소통에 혼선이 생기고 정보 전달에 오류가 빈번해지면서, 성과로 이어져야 할 커뮤니케이션이 쓸데없는 비용만 키우는 구조가 되었다. 여기에 더해 인지 리스크까지 겹쳤다. 업무 환경이 복잡해지고, 정보는 넘쳐나지만 정작 중요한 메시지를 선별하고 이해하고 실행하는 능력은 오히려 약화되고 있다.

　디지털 환경은 조직 내 불통을 가속시킨다. 소통의 불량은 기업의 생산성, 성과에 치명적인 영향을 미친다. 마이크로소프트Microsoft 조사에 따르면 디지털 알림과 이메일이 집중력과 창의력 저하를 불러온다고 응답했다. 직원들은 평균 2분마다 알림에 방해받으며, 48%는 "일이 혼란스럽고 파편화됐다"고 응답했다.[27] 이처럼 디지털 업무 환경이 불러온 정보과부하information overload'는 의사결정의 질을 떨어뜨리고 실행을 지연시키는 구조적 원인이 되고 있다. 이러한 총체적 문제를 한꺼번에 해결하려는 것이 〈ISO 24495-1〉의 도입이다. 글쓰기 기준 하나만 바꾸는 것만으로도 조직과 개인의 일대 혁신이 가능해진다.

일머리 대혁신

〈ISO 24495-1〉은 사고를 정리하고, 정보를 구조화하며, 설득력 있게 표현하는 '일하는 글쓰기'의 세계 표준이다. 이 기준은 전 세계적으로 디지털 기반 보고 환경, AI 협업, 글로벌 커뮤니케이션 등에서 실무 경쟁력을 높이는 핵심 도구로 주목받고 있다. 〈ISO 24495-1〉에 따라 작성할수록 사고력이 체계화된다. 생각을 논리적으로 정리하는 힘이 생기고, 이는 곧 문제 해결력으로 이어지며 설득력을 갖춘다. 의견을 명확히 표현하고, 구체적 근거를 제시하는 능력이 강화되어 실행력을 갖춘 보고가 가능해진다. 단순 요약이 아니라, 판단과 결정을 이끌어내는 실전 문서가 만들어지는 것이다. 이런 이유로 하버드와 같은 명문대학과 글로벌 기업들은 글쓰기 훈련을 사고력·표현력·전달력 전반을 높이는 전략으로 채택하고 있다.

고객 관계 대혁신

〈ISO 24495-1〉에 따른 글쓰기는 단순히 표현을 개선하는 것이 아니라 고객과의 관계를 혁신하는 설계 기술이다. 고객과 조직은 디지털 채널을 사이에 두고 있다. 이때 평이한 언어로 쓴 글은 고객이 정보를 '쉽게 발견하고, 의도한 대로 인식하게 만드는 힘'을 발휘한다. 고객은 복잡하고 애매한 설명보다, 바로 이해되고 곧바로 행동할 수 있는 메시지를 원한다. 세계 표준 글쓰기는 고객 중심의 정보 설계를 통해 신뢰를 쌓고, 응답률을 높이며, 행동을 유도한다. 상담 메시지, 제품 안내문, 뉴스레터 한 줄까지 글의 품질은 곧 관계의 품질을 좌우한다. 그리고 그 품질을 높이는 가장 빠르고 확실한 방법이 〈ISO 24495-1〉에 있다. 이제 고객 소통은 '잘 쓴 글'이 아니라 '잘 설계된 글'이 평가받는 시대다.

업무 문해력 대혁신

OECD는 전 세계 성인의 절반 이상이 실무 문서를 해석하는 데 어려움을 겪고 있다고 경고했다. 특히 한국은 '기초 문해력'은 높지만, 실무에서 요구되는 '문서 문해력'이 부족한 나라로 평가받는다. 〈ISO 24495-1〉은 이러한 문서 문해력 위기를 해결하기 위한 전 세계 공통의 실무 기준이다. 〈ISO 24495-1〉은 "독자가 원하는 정보를 쉽게 찾고, 이해하고, 사용할 수 있도록 문서를 설계하라"고 명시한다. 이 원칙은 조직의 문서를 사용자 중심으로 전환시킨다. 복잡한 문서로 인한 오해, 지연, 낭비를 줄이고, 누구나 빠르게 파악할 수 있는 명확한 문서를 가능하게 한다. 그 결과, 실무 실행력과 조직 생산성이 높아진다. 사고가 정렬되고 문서가 통하는 조직은 AI를 제대로 다룰 준비가 된 조직이다.

AI 경쟁력 대혁신

세달 닐리Tsedal Neeley 교수와 폴 레오나르디Paul Leonardi 교수는 저서 《AI 나를 위해 일하게 하라The Digital Mindset》에서 "AI는 행간을 읽지 못하고 인간과 같은 맥락을 공유하지 않기 때문에, 원하는 결과를 얻으려면 AI가 이해할 수 있도록 최대한 명료하고 구체적으로 지시해야 한다"고 강조한다. AI의 강점을 최대한 끌어내기 위해서는 질문과 지시(프롬프트)도 간결하고 명확하게 구조화된 글쓰기로 작성해야 하는데, 이는 〈ISO 24495-1〉이 제시하는 글쓰기 기준과 일치한다.

AI 시대, 기술 자체보다 내용을 정확히 설계하고 구조화하는 능력이 더 큰 경쟁력이 된다. 이제 모든 브랜드, 서비스, 콘텐츠는 사람보다 먼저 AI에게 읽히고 해석되고 있다. 바로 이때, 〈ISO 24495-1〉이 제시하는 세계 표준 글쓰기 원칙이 핵심 기준이 된다.

왜 세계 표준 글쓰기가 필요한가?

사람들에게 세계 표준 글쓰기를 이야기하면, 대부분 호기심 어린 눈빛으로 질문을 쏟아낸다. 그중에서 가장 많이 묻는 3가지 질문이 있다.

"요즘은 짧은 글로 빠르게 소통하는 시대입니다. 굳이 세계 표준 글쓰기를 배워야 할까요?"

이에 대한 나의 대답은 명확하다. 짧은 글이 대세인 것은 맞다. 하지만 그럴수록 세계 표준 글쓰기를 반드시 배워야 한다. 짧은 글이 곧 잘 쓴 글은 아니기 때문이다.

업무에서 요구되는 의사소통은 단순히 대화를 주고받는 소통과는 다르다. '소통疏通'이란 막힘없는 대화, 분위기 조성, 감정적 교감까지 아우르는 넓은 개념이다. 반면, '의사소통意思疏通'은 자신의 생각이나 요구사항을 상대방이 오해 없이 정확하게 이해할 수 있도록 전달하고, 동시에 상대방의 의도도 명확히 파악하는 과정을 의미한다. 의도와 정보를 정확하고 명확하게 전달하여 실질적인 업무 성과에 직접 영향을 미친다.

디지털 시대에는 메신저, 댓글, 알림 등 짧고 빠른 소통이 일상이 되었지만, 짧게 썼다고 해서 항상 명확하고 효율적인 의사소통이 이루어지는 것은 아니다. 오히려 핵심 정보가 누락되거나 맥락이 생략되어 오해가 발생하고, 그에 따라 추가적인 설명과 재확인, 되묻기가 반복되는 일이 잦다. 이로 인해 업무 결정이 지연되고 실행에 혼선이 생기며, 의사소통의 신뢰도까지 떨어질 수 있다. 따라서 짧은 글일수록 무엇을 남기고, 무엇을 강조하며, 무엇을 요청해야 하는지 판단하는 사고력과, 핵심을 정확히 전달하는 구조화된 글쓰기 역량이 더욱 중요하다.

〈ISO 24495-1〉은 의사소통에 필요한 정보를 선별하고, 이를 간결하면서도 명확하고 완전하게 전달하는 원칙을 제시한다. 성과를 올리는 의사소통을 원한다면, 간결하면서도 오해 없이 정확하게, 빠르면서도 신뢰받는 글을 쓰고 싶다면, 세계 표준 글쓰기 원칙을 반드시 익혀야 한다.

"AI가 글을 다 써주는데 글쓰기 기술을 왜 배워야 하나요?"

두 번째 질문에도 나의 대답은 단호하다. AI가 대신 글을 써줄수록 세계 표준에 기반한 글쓰기는 반드시 배워야 한다. AI는 도구일 뿐, 그 도구를 제대로 활용하는 것은 결국 사람의 몫이기 때문이다.

AI가 글을 자동으로 생성해주는 시대다. 하지만 AI가 무엇을 어떻게 써야 하는지 명확하게 지시하고, 생성된 결과물을 목적에 맞게 수정하거나 보완하는 일은 여전히 인간의 역할이다. 글쓰기의 기본기가 부족하다면, AI에게 원하는 결과를 이끌어낼 프롬프트(지시문)조차 제대로 작성하기 어렵고, AI가 작성한 초안의 오류를 걸러내거나 목적에 맞게 다듬는 일도 힘들다.

실제로 가트너는 AI 프로젝트의 85%가 실패하는 주요 원인으로 '명확한 지시 부족'을 꼽는다. AI는 단순히 문법이 맞는 글을 만드는 것이 아니라, 맥락과 구조, 목적에 맞는 글을 생성한다. 따라서 지시가 모호하거나 구조가 불분명하면, AI가 엉뚱한 결과물을 내놓을 수밖에 없다.

또한 AI가 작성한 초안은 종종 맥락이 어긋나거나, 중요한 조건이 빠지거나, 표현이 과장되는 등 사람이 원하는 수준에 미치지 못하는 경우가 많다. 결국 AI가 아무리 발전해도 최종적으로 신뢰할 수 있는 문서를 완성하는 것은 사람이다.

이처럼 AI와 함께 일하는 시대일수록, 명확한 지시와 검토, 목적에 맞는 글을 완성하는 능력―세계 표준에 부합하는 글쓰기 기술―이 더욱 중요해진다. AI를 제대로 활용하고, 업무의 품질을 높이기 위해서라도 기본에 충실한 글쓰기 역량은 반드시 갖춰야 한다.

"글쓰기의 세계 표준, 즉 글로벌 기준의 글쓰기가 한국 직장인에게도 의미가 있을까요?"

나는 이렇게 강조한다. 오히려 한국 직장인에게 더 절실하다. 정보의 복잡함과 업무 속도가 가장 높은 환경일수록 글의 명료함이 곧 경쟁력이 되기 때문이다.

한국어는 주어 생략, 간접 표현, 암묵적 기대가 많은 고맥락 언어다. 이로 인해 직장 내에서는 같은 말을 해도 서로 다르게 받아들이거나, 오해와 혼선이 자주 발생한다. 세대 간 말투 차이, 직급에 따른 표현 방식 역시 갈등의 원인이 된다. 의사소통에 치명적이다.

OECD 문해력 조사에서 한국 성인의 문해력은 OECD 평균보다 낮고, 특히 고연령층일수록 실무 문서를 이해하고 활용하는 능력이 떨어지는 것으로 나타났다. 이런 환경에서는 누구나 쉽게 이해할 수 있는 명확한 글쓰기 기술이 필수적이다.

세계 표준 글쓰기는 단순히 글을 잘 쓰는 법이 아니라, 의도한 대로 일이 되게 만드는 실무를 위한 글쓰기 기준이다. 오해와 단절이 잦은 한국 직장 문화에서는 이러한 기준이 실무 생존 기술이자, 커뮤니케이션 품질을 높이는 핵심 도구가 될 수 있다. 즉, 세계 표준 글쓰기는 한국 직장인에게 단순한 선택이 아니라, 업무 효율과 조직 신뢰를 높이기 위한 필수 역량이다.

2장

누구나 쉽게 쓰고 빠르게 반응하는 4가지 법칙

글쓰기 코드

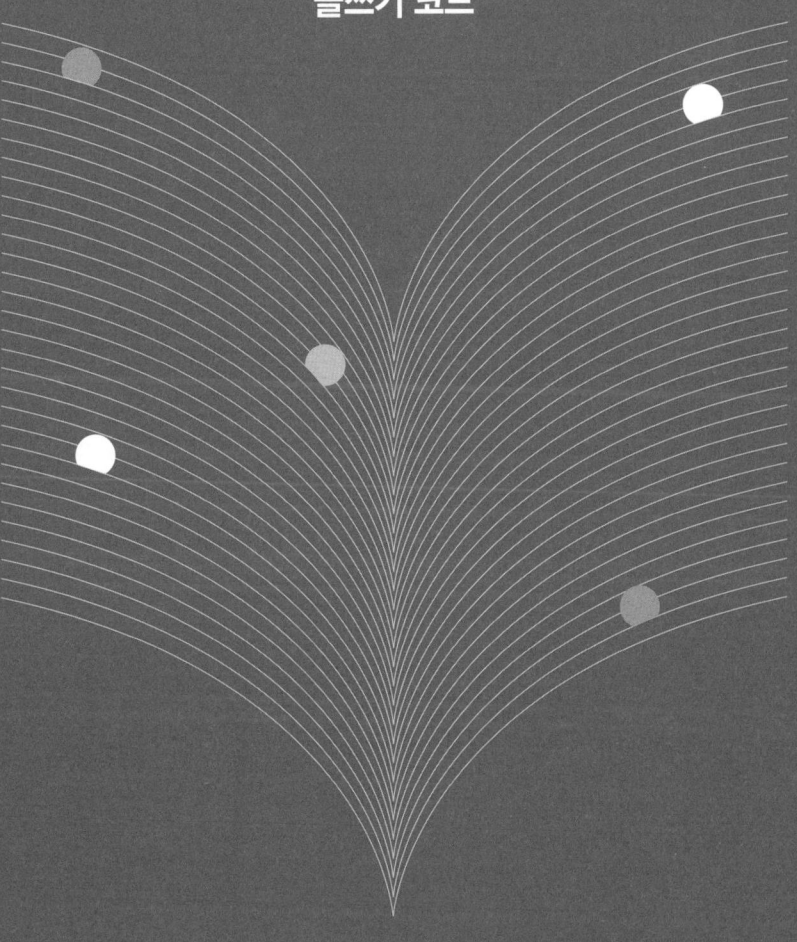

2장에서는 이 책의 핵심인 '글쓰기 코드CODE'를 소개한다. 글쓰기 코드는 〈ISO 24495-1〉의 원칙을 바탕으로, 의도한 대로 성과를 내는 글쓰기의 기본기를 체계적으로 갖출 수 있도록 돕는다. 이제부터 글쓰기 코드가 실제로 어떻게 작동하는지 그리고 각 단계가 어떻게 실무로 연결되는지 하나씩 살펴볼 것이다.

매번 업무가 꼬인다면,
글쓰기부터 손봐야 하는 이유

보고서의 초안을 잡기가 어렵다.

보고서가 한 번에 통과되는 일이 드물다.

회의록을 봐도 회의 내용이 잘 이해되지 않는다.

이메일을 읽고도 무엇을 해야 할지 감이 오지 않는다.

인트라넷 게시판에 공지를 올리려는데 횡설수설하게 된다.

메신저로 업무 내용을 전달하면 상대방에게서 확인 전화가 온다.

문서를 작성하려고 파일을 열면 빈 문서처럼 내 머리도 하얘진다.

위 증상이 남의 일 같지 않다면, 당신의 일머리가 오작동한다는 신호다. 업무 문해력에 이상이 생겼다는 경고음이다. 업무 문해력은 OECD가 국제 성인역량조사PIAAC에서 정의한 일하는 사람들의 핵심 역량인 문서 문해력을 뜻한다. 문서 문해력이란 '문서에 담긴 정보를 읽고, 이해하고, 평가하며, 그 정보를 활용하는 능력'이다.[1] 업무 문해력이 부진하면 글쓰기에 서툰 것을 넘어 문서와 글에 기반하는 업무 의사소통 전반이 떨어질 수밖에 없다.

"하고 싶은 말이 뭡니까?"
"그러니까… 요점만 말씀해 주세요."
"그래서, 뭘 어쩌라는 건가요?"

위 세 문장은 직장인이 보고를 올린 뒤에 가장 자주 듣는 말이자, 가장 듣기 싫어하는 피드백이다. 보고서나 이메일을 보낸 후 이런 반응이 돌아온다면, 글쓰기뿐 아니라 의사소통 자체에 실패했다는 뜻이다. 많은 사람이 직장 내 갈등의 원인을 인간관계에서 찾지만, 실제로는 명확하지 못한 의사소통에서 비롯된 오해와 착오에서 시작된다. 일터에서의 소통은 단순한 관계 유지가 아니라, 함께 일하는 능력, 즉 일머리 그 자체다. 이제는 AI와 일하는 것도 협업의 일부가 되면서, 글쓰기 능력의 중요성은 더욱 커지고 있다.

독이 되거나 약이 되는 AI 글쓰기

글쓰기 코칭을 25년 넘게 하면서 가장 크게 느낀 변화는 '글을 못 쓰겠다'는 하소연이 '더 잘 쓰고 싶다'는 욕구로 바뀌었다는 점이다. SNS 등 디지털 매체 덕분에 누구나 자유롭게 글을 쓰고 올리게 되면서, 더 잘 쓰는 방법에 대한 수요가 크게 늘었다. 하지만 생각을 쏟아내고 정보를 나열하는 것이 글쓰기라는 착각은 여전하다. 검색 엔진으로 건져낸 정보를 나열한 문장과 글은 읽히지도, 통하지도 않는다. 여기에 AI 결과물까지 더해지니 쓰는 사람도 읽는 사람도 정보 과부하에 쩔쩔맨다. 직장인이 가장 피해야 할 글쓰기 유형이다.

일본 한자능력시험협회에서 실시한 조사에 따르면 상사의 85%가 부하 직원의 문서 때문에 스트레스를 받은 적이 있다고 답했다.[2] 그 이유는 대부분 필요한 정보나 설명의 부재였다. 상사는 '왜 이 글을 읽어야 하는지, 무엇을 해야 하는지, 어떻게 하면 되는지'를 간단하고 명확하게 알고 싶어 한다. 결국 문서 작성 능력은 단순한 글쓰기 실력이 아니라, 문제를 파악하고 명확하게 전달해 상대의 판단과 실행을 이끄는 의사소통력이다. 단순히 생각을 쏟아내고 정보를 나열하는 글쓰기로는 어림도 없다.

업무 글쓰기에서 장황함은 최대의 적이다. 장황한 글은 아무도 읽지 않거나, AI도 제대로 이해하지 못한다. 닐슨 노먼 그룹 Nielsen Norman Group은 디지털 환경에서 긴 텍스트보다 요약, 글머리, 강조 등 시각적 요소를 사용해서 정보가 구조화되었을 때 핵심 정보를 더 잘 찾아낸다고 밝혔다.[3] MIT 미디어랩 연구에서는 사용자가 너무 AI에 의존해서 글을 작성하면 뇌 연결성과 인지력이 낮아질 수 있다고 지적했다.[4]

한 통의 사내 이메일로 조직 전체가 혼란에 빠진 사례가 있다. 세계적인 네트워크 기업 시스코 Cisco에서 일어난 일이다.[5] 사건의 발단은 한 직원이 소수의 관리자에게 '온라인 교육 과제'를 완료하라는 이메일을 보낸다는 걸, 실수로 전 직원의 메일주소를 참조로 넣은 것이 시작이다. 해당 이메일에는 교육 리스트에서 제외되길 원한다면 회신하라는 문장이 적혀 있었고, 수백 명의 직원이 나를 리스트에서 빼달라며 '모두에게 회신 Reply All'을 선택했다. 결국 400만 통이 넘는 회신이 폭주해 이메일 시스템이 마비되는 사태가 발생했다. 이로 인한 생산성 손실은 60만 달러(약 8억 원)에 달했다. 이 사건은 단순한 참조 실수가 아니라, 오해 없이 행동을 유도하는 소통 기준에 따라 글을 쓰지 못한 결과다.

업무 글쓰기는 명확한 목적 달성, 효율적인 의사소통, 신뢰

구축 그리고 궁극적으로 '행동 유도'를 목표로 한다. 따라서 사람과 AI 모두에게 통하는 글쓰기는 내가 의도한 대로 상대가 행동하게 만들어야 한다. 그리고 이것을 가능하게 만드는 것이 세계 표준 글쓰기다. 세계 표준 글쓰기는 구체적이고 명확한 행동 요청CTA을 통해 업무 성과를 높인다. 사내 협업 요청, 고객 프로모션, AI 프롬프트 설계 모두 구체적이고 실행 중심일 때 더 정확하고 생산적인 결과를 낸다.

예를 들어, 채용 공고문을 쓸 때 '열정적인 인재를 찾는다'가 아니라 '7월 10일까지 포트폴리오 포함 이력서를 제출하라'는 식으로 써야 지원자의 수가 많아진다.

1페이지 보고서의 실효성

업무에서 간결하게 핵심만 쓰라는 지침은 많은 곳에서 기업 문화로 정착되어 있다. 글로벌 선도기업에서는 실무진과 경영진 모두가 합심하여 의사소통 과정에서 발생하는 불필요한 오해를 줄이려고 노력하고 있다. 그중에서도 보고서나 기획서 같은 공식 문서를 1페이지 이내로 작성하기가 불문율이다.

P&G는 2006년부터 모든 의사소통을 '제안, 배경, 실행 방식,

핵심 혜택, 다음 단계'라는 다섯 항목으로 구성된 원페이지 메모One-Page Memo로 주고받는다.[6] 도요타는 A3 리포트라는 한 장 분량의 보고서에 문제 정의부터 원인 분석, 계획과 결과까지 체계적으로 정리한 고유의 문서 형식을 사용한다.[7] 애플에서도 '보고서 2장부터는 무능의 증거'라고 이야기한다.[8] 구글, MS, 메타도 '1페이지'를 내세우지는 않지만 실무에서 핵심만을 엄선해 1페이지 이내로 요약하는 관행이 자리잡혀 있다. 엔비디아 창업자인 젠슨 황Jensen Huang 또한 이메일을 작성하는 방식으로 최대 6줄, 한 줄에 한 문장 형식을 강조했다.[9] 쿠팡에서는 프로젝트의 방향성과 목적을 한 판에 정리한 기획안을 '원페이저One-pager'라 하는데, 프로젝트 과정에서 발생하는 문제해결을 위한 협업 및 의사소통 수단으로 활용한다.[10]

1페이지 원칙은 단순히 분량을 줄이자는 차원이 아니다. 핵심부터 말하고 구조를 명확히 하며, 실행을 방해하는 요소를 제거해 문서의 실효성을 극대화하는 전략이다. 이는 디지털과 AI 환경 모두에서 통하는 문서 작성 기준이며, 결국 '한 번에, 단번에, 1페이지로' 실행을 유도하는 글쓰기가 지금 시대의 표준이라는 것을 보여준다.

그러나 세계적인 기업 중에서도 소수의 기업만 1페이지 원칙을 실행하고 있다. 사실 1페이지 전략은 실제로 구현하기가 쉽지 않기 때문이다. 1페이지라는 제한된 형식 안에서 적절한 분량으로 정보를 제공하면서 실행을 유도하기까지란 숙련된 글쓰기 고수가 아니라면 오히려 독이 될 수 있다. 그렇기에 먼저 글쓰기 기본기가 선행되어야 한다. 글쓰기의 기본부터 다져보자. 제대로 익힌다면 업무 진행이 빨라지고 일의 완성도가 높아질 것이다. 회의 시간과 문서 작성 시간이 줄고, 보고서의 승인율이 크게 오르게 될 것이다. 내용에 대한 오해가 줄고, 재작업이 최소화되어 '의도대로 읽히는 글'을 쓸 수 있다.

직장인 업무 전투력을 극대화하는 글쓰기 코드

글쓰기의 기본기를 위해 고안된 것이 바로 '글쓰기 코드CODE'다. 글쓰기 코드는 〈ISO 24495-1〉에 맞춰 설계된, 직장인을 위한 실전 글쓰기 지침이다. 단순히 '잘 쓰는 법'이 아니라, 일의 성과로 이어지는 글쓰기 기본기를 체계적으로 쌓을 수 있도록 돕는다. 직장에서 통하는 글쓰기는 나를 표현하는 글이 아니라, 상대가 이해하고 행동하게 만드는 '기본에 충실한 글'이어야 한다. 기본에 충실하게 쓴다는 것은 독자가 알고 싶어할 내용을 중심으로, 읽고 싶게, 읽기 쉽게 구조화하고, 명확하게 전달해 독자가 실행하기 쉽게 만드는 것이다. 기본에 충실한 글은 〈ISO 24495-1〉의 '평이한 언어' 핵심 원칙에서 기인한다.

"평이한 언어란 표현과 구조, 디자인이 명료하여 의도된 독자가 필요한 정보를 쉽게 찾고, 그 내용을 이해하며, 그 정보를 실제로 활용할 수 있게 하는 커뮤니케이션을 말한다."
— 〈ISO 24495-1〉, Clause 3.1 plain language, p.1.

글쓰기 코드는 조직의 생산성과 개인의 성과를 최대치로 끌어올리는 업무 문해력 강화 기술이다. 글쓰기 기술만으로는 글쓰기 실력을 개선하기가 쉽지 않다. 글쓰기는 단순한 언어 표현이 아니라 정보를 해석, 판단, 구조화하는 문해력에 기반하기 때문이다. 〈ISO 24495-1〉은 이러한 문해력의 방향을 구체적으로 제시한다. 독자의 이해 과정을 기준으로 한 명확하고 간결한 글쓰기 원칙을 제시한다. 이 표준을 적용하면 문해력이 약한 사람도 독자의 시각에서 글을 점검하고 개선할 수 있다. 이 과정을 반복하면 생산성을 높이는 문해력이 강화된다.

이처럼 글쓰기 코드는 개인의 글쓰기 기술을 넘어, 회사가 요구하는 전략적 일머리를 증명하는 핵심 역량이다. AI가 일상적으로 구조조정을 하는 시대에도 인정받는 직장인은 업무의 본질을 빠르게 파악하고, 협업이 가능하며, 회사가 기대하는 성과를 척척 만들어낸다. 전략적 일머리를 가진 사람만이 가능한 역량이다.

직장인의 글쓰기는 단순한 의사 표현을 넘어, 일 전체를 움직이는 핵심 의사소통 수단이다. 정보를 전달하고 의미를 공유하며, 최종적으로 독자가 실제로 행동하게 만드는 것이 목표다. 따라서 정보성 글쓰기가 곧 직장인 글쓰기의 본질이다. 정보성 글에는 반드시 명확한 메시지가 담겨야 하며, 단순 나열이 아니라 독자의 판단과 행동에 실질적으로 도움이 되어야 한다. '실행 유도'가 포함될 때 정보는 비로소 가치 있게 사용된다. 실행을 이끄는 정보성 글을 쓰려면 4가지 절차가 필수다.

첫째, 글의 목적과 독자 그리고 기대 결과를 명확히 한다.
둘째, 독자의 시선에서 정보를 구조화해 핵심이 바로 보이도록 배열한다.
셋째, 문장은 간결하고 명확하게 다듬어 중복·모호함·불필요한 표현을 제거한다.
넷째, 글이 실제로 의도한 결과를 끌어낼지 점검한다.

이 4가지가 바로 실행을 유도하는 글쓰기의 표준 절차다. 글쓰기 코드는 이를 '맞춤화Customize, 구조화Organize, 명확화Direct, 실행화Execute'로 체계화한 것이다. 누구나 적용할 수 있는 실행형 글쓰기 프레임으로 정리했다.

성과형 글쓰기의 글쓰기 코드, 마침내 탄생

글쓰기 코드는 〈ISO 24495-1〉의 4대 원칙―관련성, 명확성, 이해성, 사용성―을 바탕으로 한다. 여기에 일하는 사람을 위한 실행을 유도하는 글쓰기 기본기로 재구성했다.

Customize　맞춤화: 독자의 상황에 맞춰 쓴다.
Organize　구조화: 독자가 한 번에 파악할 수 있게 쓴다.
Direct　명확화: 독자가 단번에 이해할 수 있게 쓴다.
Execute　실행화: 독자가 곧바로 행동하게 쓴다.

이 4가지 핵심 기술은 각각 4개의 세부 기술로 구성되어 있다. 따라서 총 16개의 기술을 익히면 어떤 문서든 목적에 맞게 쓰고, 독자의 실행을 끌어낼 수 있다. 이 기본기는 문서 유형이나 직무에 상관없이 확장성과 범용성이 뛰어나기 때문에 기획안, 보고서, 협업 메시지, 과제, 사업계획서, 이메일, 계약서, 온라인 콘텐츠 등 모든 업무 문서에 적용할 수 있다.

글쓰기 코드는 세계 표준의 핵심 원칙에 기반해, 독자 중심의 구조와 흐름을 설계하고 전달력을 극대화하는 실전형 글쓰기 절차다. 이 기본기는 반복적으로 점검·활용할 수 있기 때문에, 일하는 사람에게 성과를 만들어내는 '기본에 충실한 글쓰기 역량'을 체계적으로 갖추게 한다.

⟨ISO 24495-1⟩은 4대 원칙 가운데 '사용성Usable'을 핵심에 두고 제정되었다. 이 기준은 공공 문서나 제도 설계에서 모두에게 동일한 효용을 보장하기 위해 마련된 것이기 때문이다. 따라서 글쓰기 코드는 '맞춤화'를 가장 중요한 원칙으로 둔다. 글을 쓸 때 독자가 누구인지, 무엇을 알고 싶어 하는지, 어떤 행동을 하게 만들 것인지를 기준으로 설계한다. 글쓰기 코드의 이 같은 철학은 ⟨ISO 24495-1⟩ 공식 문서의 다음 문장에서 출발한다.

> Plain language is communication that puts readers first.
> 독자의 필요와 맥락, 기대를 고려해야 한다.

독자가 어떻게 행동하게 만들지를 중심에 둔 글쓰기 전략. 이것이 실전에서 성과를 만드는 세계 수준 글쓰기 코드의 기본기다.

글쓰기 코드의 4단계 실행 전략

직장에서 쓰는 글은 단순한 소통 수단이 아니다. 불특정 다수에게 읽히기 위해서가 아니라 특정인에게 쉽고 빠르게 이해되고, 기억되고, 실행되기 위해 쓰는 글이다. 성과를 내는 사람의 글에는 구조가 분명하다. 일리 있고, 조리 있게 정보를 단숨에 전달한다. 성과가 보장되는 문장과 문서의 구조는 다음 4단계로 만들어진다.

1단계, 글의 의도부터 정렬하라. 누가 왜 이 글을 읽는가, 이 글을 읽고 그가 무엇을 어떻게 해야 하는가를 명확히 해야 핵심을 놓치지 않는다. 글이 읽히지 않고, 통하지 않는 이유는 의도를 챙기지 않고 일단 쓰고 보기 때문이다.

2단계, 정보를 정돈하라. 정보는 순서대로 나열하는 것이 아니다. 의도에 맞게 선택하고 배열하는 것이다. 중요한 정보를 먼저 두고, 관련된 정보는 함께 묶어 논리적 흐름을 만들어야 읽히는 글이 된다.

3단계, 메시지를 설계하라. 정보가 아니라 정보가 뜻하는 것을 말해야 기억에 남는다. 독자는 팩트보다 '그 팩트가 말하는 것'을 알고 싶어 한다. 한 문장으로 핵심 메시지를 정리하라.

4단계, 요청으로 마무리하라. 제대로 작성된 메시지는 독자의 '무엇을 어쩌란 말인가'에 답한다. CTA call to action를 포함하여 마무리하라.

의도를 정리하면 방향이 확실해진다. 정보가 정돈되면 일리 있고 조리 있는 흐름이 생긴다. 메시지가 선명하면 빠르게 이해되고 CTA대로 행동하게 된다. 이것이 바로 직장인들의 필筆살기, 업무형 글쓰기의 본질이다. 이것을 실전에서 구현할 수 있도록 기본기로 구축한 것이 글쓰기 코드다. 글쓰기 코드는 독자 중심으로 사고를 정리하고, 정보를 구조화하며, 표현을 명확히 하고, 행동을 유도하는 4단계 실행 전략이자 루틴이다. 4단계로 구성된 글쓰기 코드, 각 단계를 살펴보자.

1단계, 독자를 설계하는 맞춤화(Customize)

맞춤화는 글을 쓰기 전, 독자를 먼저 설계하라는 원칙에서 출발한다. 이 글은 누구를 위한 글인가? 독자는 무엇을 궁금해할까? 독자의 역할과 그가 바라는 정보 수준, 관심과 소통 환경을 파악하고 그에 따라 내용과 구조, 표현의 톤을 조정하는 설계 단계다. 읽히는 글을 넘어, 성과를 만드는 글을 쓰기 위한 출발점이다.

2단계, 사고의 흐름을 설계하는 구조화(Organize)

구조화는 생각을 나열하지 말고 흐름을 설계하라는 원칙을 따른다. 정보가 많을수록 구조는 필수다. 두괄식 흐름, 묶음 배열, 시각적 표지, 탐색 가능성은 구조 설계의 기본이다. 관련 정보를 묶고, 제목과 번호로 구조를 시각화하며 전체 흐름을 한눈에 보이게 만든다.

3단계, 메시지를 정제하는 명확화(Direct)

명확화는 문장이 일하게 하라는 원칙을 따른다. 핵심부터 말하고, 동사 중심으로 쓰며 모호한 단어를 제거하고 문장과 문단의 흐름을 끊기지 않게 이어가는 기술이다. 업무 글쓰기에서 문장은 실행을 부르는 최소한의 단위다. 간결하고 정확하게 써야 의도한 실행을 끌어낼 수 있다.

4단계, 완성도를 결정짓는 실행화(Execute)

실행화는 실행을 방해하는 요소를 제거하고, 정보를 정돈하여 문장과 문서가 실제 행동으로 이어지게 만드는 마지막 점검 기술이다. 불필요한 설명은 덜어내고, 해답이나 질문으로 마무리하되 읽은 사람이 묻지도 따지지도 않게 의도하는 대로 실행하게 해야 한다.

이처럼 글쓰기 코드는 실제로 일하는 글을 설계하는 전략이고, 의도하는 대로 성과를 만드는 실전 도구다. 이 코드를 반복 사용할수록 누구나 쉽게 따라 할 수 있고, 반복할수록 기본기가 강화되어 개인과 조직의 경쟁력을 결정짓는 핵심 기반이 된다. 그렇다면 이 코드가 왜 실전에서 그렇게 강력하게 작동하는지 시스템의 구조적 원리를 살펴보자.

읽히고, 이해되고, 실행되는 글쓰기 알고리즘

글쓰기 코드는 4가지 핵심 기술이 유기적으로 작동하는 실행형 시스템이다. 문서나 메시지가 읽히고, 이해되고, 실행되려면 이 4가지 기술이 동시에 작동해야 한다. 예를 들어, 독자를 잘 이해하더라도 구조가 엉망이면 글은 외면당하고, 구조가 정리되어도 표현이 모호하면 오해를 낳는다. 아무리 문장이 명확해도 독자의 시선에서 다듬지 않으면 실행되지 않는다. 그러니 글쓰기 코드 4가지가 서로 맞물려 하나의 시스템처럼 작동해야 한다. 그래야 독자 중심 설계가 토대를 세우고, 구조화가 틀을 다지며, 명확화가 의미를 살리고, 실행화가 행동으로 이어진다. 글을 쓰는 데 그치지 않고, 의도한 대로 일이 되게 만드는 사고의 도구다. 다음의 개념도는 글쓰기 코드의 방향성을 잘 보여준다.

글쓰기 코드의 교집합

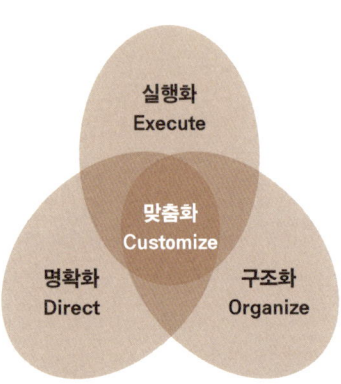

개념도 중심에는 독자를 특정하고 읽기 환경을 파악하는 맞춤화Customize가 있고, 이를 기준으로 구조화Organize, 명확화Direct, 실행화Execute가 자리한다. 맞춤화는 모든 단계의 중심이다. 글쓰기는 '나'를 위한 것이 아니라 '독자들'을 위한 행위다. '누구에게 쓸 것인가'를 정의하지 않으면 구조화도, 명확화도, 실행화도 의미를 잃는다. 구조화는 독자의 문해력과 요구에 따라 배열 방식을 달리하고, 명확화Direct는 독자를 기준으로 핵심을 선별하여 표현하며, 실행화는 독자가 바로 실행하도록 글을 작성한다. 〈ISO 24495-1〉도 '문서는 독자를 위해 존재한다'는 전제를 기반으로 모든 원칙이 작동한다.

글쓰기 코드의 절차

　글쓰기 코드는 설계 → 구성 → 표현 → 실행유도 단계별로 이어지는 글쓰기 절차다. 예를 들어, 독자를 먼저 파악해야 어떤 정보를 강조할지 알 수 있고, 정보의 구조가 잡혀야 군더더기 없는 표현이 가능하다. 표현이 명확해야 실행 조건을 오해 없이 전달할 수 있다. 또한 글을 쓸 때마다 점검해야 할 실전 체크리스트이기도 하다. 실행에 방해되는 요소가 없도록 글쓰기 막바지 단계까지 여러 차례 검토하고 개선해야 한다.

　반대로 글쓰기 실패의 원인도 진단 가능하다. 독자의 반응이 없으면 맞춤화가, 글이 두서없으면 구조화가, 오해가 생기면 명확화가, 행동을 유도하지 못하면 실행화가 부족한 것이다.

글쓰기 코드의 사분면

구분 단계	글쓰기 전략	글쓰기 기술
1단계	맞춤화(C)	구조화(O)
2단계	실행화(E)	명료화(D)

글쓰기 코드는 전략과 기술의 두 축을 모두 포함한다. 맞춤화와 실행화는 전략축이며, 구조화와 명확화는 기술축이다. 두 축이 동시에 작동할 때, 설득력과 실행력을 동시에 확보할 수 있다.

글쓰기 코드는 읽히고, 이해되고, 실행되는 글을 만드는 실전 알고리즘이다. 4가지 핵심 기술을 하나씩 차례대로 적용하면, 어떤 글도 목적에 맞게 만들 수 있고, 독자가 글을 읽고 바로 행동할 수 있다.

글쓰기 코드를 구성하는
16가지 실행 기술

글쓰기 코드는 일터에서 반복되는 글쓰기 문제를 세계 표준에 따라 해결하도록 돕는 실전 매뉴얼이다. 각 단계는 실제 업무 현장에서 바로 적용할 수 있도록 직장인의 글쓰기 과정을 기준으로 설계된 '생각의 프레임'이다. 이를 수월하게 적용하도록 돕기 위해 나는 4가지 실행 공식을 고안했다. 맞춤화는 VIEW(뷰), 구조화는 SCAN(스캔), 명확화는 PASS(패스), 실행화는 DONE(던). 이 4가지 공식은 글을 쓸 때 반드시 검토하고 따라야 할 핵심 작업의 앞머리를 딴 글자다. 보고서, 이메일, 제안서 같은 장문 문서부터 업무 채팅, 문자 메시지, 협업 메신저 같은 짧은 글까지 적용 가능하다. 이제 글쓰기 코드의 4단계별 4가지의 실행 공식, 총 16개의 글쓰기 실행 기술을 하나씩 살펴보자.

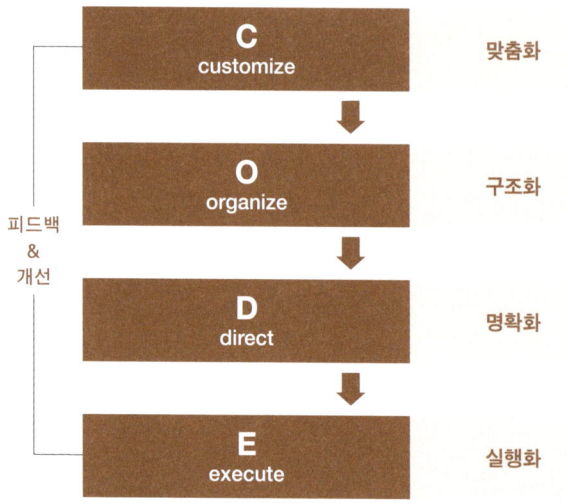

맞춤화 공식 VIEW

Viewer 누구를 위한 글인가? 독자를 특정하라.

Intention 독자는 무엇을 알고 싶은가? 의도를 반영하라.

Expectation 분량, 어투, 형식은 적당한가? 기대를 고려하라.

Why Now 지금 글이 필요한 이유는? 필요성을 명확히 하라.

의사소통을 위한 글에서 주인공은 독자다. 독자가 읽고 이해하고 실행하게 쓰는 데 있어 가장 중요한 단계는 독자에 대한 연구다. 이 4가지 질문에 답을 준비하면, 내용부터 메시지, 구성, 제목까지 모두 독자 중심으로 설계할 수 있다. VIEW(뷰)는 글의 시작 단계에서 흔히 소홀히 하기 쉬운 독자 중심성을 놓치지 않도록 한다.

구조화 공식 SCAN

Structure 글이 한눈에 들어오는가? 논리적으로 구성하라.
Clustering 관련 정보가 함께 묶여 있는가? 정보를 정돈하라.
Anchor 시각적 요소가 있는가? 눈에 띄게 포장하라.
Navigation 필요한 정보를 바로 찾을 수 있는가? 빨리 안내하라.

정보를 구조화하는 작업은 글 전체 흐름을 한눈에 보이게 하고, 독자가 필요한 정보를 빠르게 찾도록 돕는다. 그리고 실행 공식 SCAN(스캔)이 이 과정을 체계화한다.

위 질문들에 답하며 문서 흐름을 설계하고, 비슷한 정보를 묶어 배열한다. 각 단락에는 제목이나 번호 같은 시각적 표지를 달아 위치를 한눈에 알 수 있게 하고, 내비게이션을 통해 필요한 정보를 즉시 찾아볼 수 있도록 한다.

명확화 공식 PASS

Point First　　　　핵심이 먼저 나왔는가? 가장 먼저 핵심을 두고, 설명은 나중에 써라.

Active Wording　　문장이 일하게 썼는가? 행위자 중심의 능동 표현을 써라.

Sharp Wording　　표현이 정곡을 찌르는가? 모호함 없이 직진하라.

Short & Simple　　문장이 짧고 직관적인가? 군더더기 없이 써라.

명확화는 독자가 글을 읽자마자 바로 이해할 수 있도록 문장을 다듬는 작업이다. 아무리 내용이 좋아도 표현이 모호하면 독자는 의미와 흐름을 놓친다. 문장을 간결하고 직관적으로, 오해 없이 분명하게 써야 한다. 실행 공식 PASS(패스)를 따르면 효과적이다. 이 원칙들을 지키면 핵심이 문장 앞에 배치되고, 표현은 명확해져 독자가 빠르게 이해하도록 돕는다. 불필요한 수식과 반복을 제거하고, 문장·문단 연결도 매끄럽게 구성한다.

실행화 공식 DONE

Delete Blockers　　실행을 방해하는 요소는 없는가? 애매함과 혼

	선을 제거하라.
Optimize Clarity	표현이 흐릿하지 않은가? 유리창을 닦듯 선명하게 정리하라.
Notice & Refine	피드백을 반영했는가? 독자의 시선으로 재점검하라.
Execute & Release	바로 실행할 수 있는가? 해야 할 행동을 정확히 드러내라.

실행화는 독자가 의도한 행동을 실제로 하도록 만드는 과정이다. 의도한 행동으로 이어지지 않는 글은 업무에 방해가 될 뿐이다. 실행 공식 DONE(던)은 이런 문제점을 해결한다. 이 4가지 항목을 하나씩 점검하며 방해 요소를 제거하고 메시지를 명확하게 다듬는다. 독자가 무엇을 읽고 어떻게 반응해야 하는지 빠른 이해가 가능한지, 점검하고 개선한다. 독자의 시선에서 문장을 다듬고, 오류를 제거하여 당장 실행 가능한 최종본으로 배포 및 발송한다.

품질 점검 기준

업무 글쓰기에서 초안 작성은 작성자 중심이 될 수밖에 없지만, 점검은 반드시 독자 관점에서 이루어져야 한다. 이때 사용할 기준도 글쓰기 코드다. 네 항목을 따라 초안을 만들고, 같은 기준으로 되짚으며 다듬은 글은 '읽히는 글'을 넘어 '실행하는 글'이 된다.

실전 사례

어느 기업 성과기획실에서 다음과 같은 메시지를 보냈다.

안녕하세요.
지난주 말씀드린 기재부 제출용 2030년 성과보고서 자료를 이번 주 중으로 부탁드립니다. 부서별로 보내신 자료를 취합하고 정리하여 최종본에 넣으려 하니 가급적 빠르게 주시길 부탁드립니다. 자료는 공유를 드렸던 폴더에 올려주시면 감사하겠습니다. 최종본은 임원 승인을 거쳐 기재부에 제출할 계획입니다.

독자 관점에서 초안을 점검하고 수정해보자. 먼저 수신자가 누구인지 명확하지 않다. 그리고 핵심 정보가 본문에 묻혀 전달력이 떨어지고, '이번 주 중'처럼 모호한 표현을 사용하고 있다. 언제까지, 무엇을, 어디에 제출해야 하는지가 불분명하다. 정리하자면 누가 무엇을 언제까지 해야 하는지 명확하지 않고 실행을 유도하지 못한다. 이제 글쓰기 코드에 맞춰 다시 글을 재정비해보자.

가장 먼저 '맞춤화'다. 이 글은 누구를 위한 글인가? 특정 부서가 아닌 모든 부서에 보내는 글이라고 해도 '귀 부서'라는 말로 수신 대상을 특정해야 한다. 그리고 독자의 관점에서 제출해야 할 문서 목적(기재부 보고용), 역할(실적 제출), 시점(기한 강조)이 적절히 설명되어야 하며 한눈에 들어와야 한다.

그래서 다음으로 살펴봐야 하는 것이 '구조화'다. 메시지 말머리에 [요청 사항-마감일]을 써서 글의 목적을 가장 먼저 볼 수 있도록 한다. 본문은 도입, 요청 내용, 후속 일정 순으로 써서 시간순대로 매끄럽게 읽히도록 한다. 특히 그중에서도 요청 내용은 '대상, 항목, 기한, 위치'가 항목별로 구분되어 있어야 독자가 빠르게 파악할 수 있다.

글의 구조가 잡혔다면 '명확화'로 문장을 다듬는다. 모호한 표현 없이 핵심만 담은 직설적인 문장으로 작성한다. 중복 없이 간결하게 표현되어야 흐름이 매끄럽고 막힘이 없다. '가급적', '감사하겠습니다'보다는 '요청드립니다', '반드시', '제출해주시기 바랍니다' 같은 목적에 맞는 명확한 표현을 쓰는 것이 좋다.

마지막으로 실행화다. 누가, 무엇을, 언제까지, 어디에 제출해야 하는지가 명확히 드러나야 한다. 취합한 최종본의 일정까지 안내한다면 전체 맥락과 실행 이유도 함께 제공되기 때문에 독자가 바로 행동에 옮길 수 있다. 이러한 글쓰기 코드에 따라 초안을 손본다면 다음과 같다.

[자료 제출 요청 – 9월 30일(화) 15시까지]

안녕하세요.

기재부 제출용으로 2025년 성과보고서 작성을 위해 귀 부서 실적을 요약한 자료를 요청드립니다.

– 제출 대상: 성과기획실

– 제출 항목: 2025년 월별 주요 캠페인 요약 (성과 지표 포함)

– 제출 기한: 9월 30일(화) 15시까지

– 제출 위치: 인트라넷 공유폴더 〉 부서별 자료

전체 취합본은 10월 초 임원 보고 후 기재부에 제출할 예정입니다. 반드시 기한을 지켜 제출해주시길 바랍니다.

글쓰기 코드는 〈ISO 24495-1〉의 원칙에 기반하되 내가 글쓰기 코치로 일하며 25년 가까운 현장 경험과 수많은 시행착오 그리고 직장인들과의 실전 코칭을 통해 현장의 문제점을 해결한 '한국형 성과를 만드는 글쓰기 전략'이다. 글쓰기 코드 기본기에 따라 글을 쓰면 세계 수준의 글쓰기가 가능하다. '세계 수준'의 성과형 글쓰기를 보장하는 글쓰기 코드는 당신의 업무력, 평판, 관계, 보상까지 총체적 역량을 당신이 원하는 만큼 올릴 수 있기에 가장 곁에 둬야 하는 무기다.

3장

독자에게 맞춰 써라

맞춤화

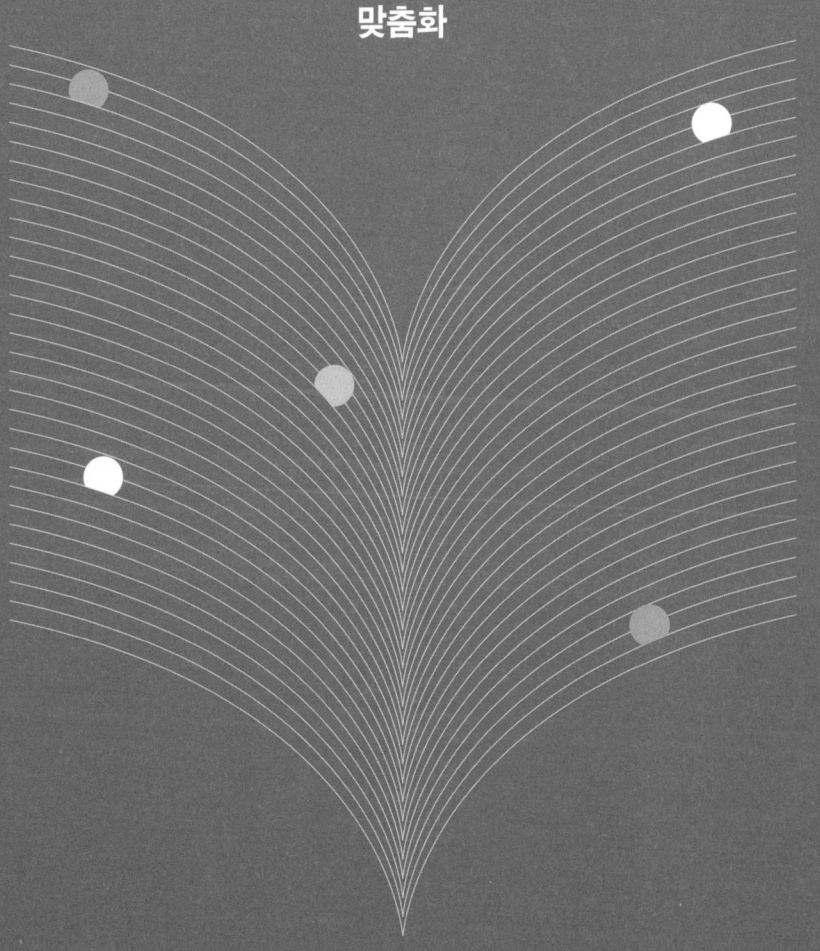

독자마다 내용도, 방식도, 형식도 다르게 써야 하는 이유

직장인은 하루 평균 3시간 이상을 이메일, 메신저, 협업 플랫폼 등 디지털 커뮤니케이션에 사용한다. 하루 동안 이메일, 메신저, 협업 플랫폼을 오가며 주고받는 메시지는 하루 수백 건에 이른다. 결국 일하는 시간의 절반이 '글로 하는 소통'으로 채워지는 것이다.

따라서 글쓰기 능력이 부족하면 대부분의 업무에서 시행착오를 겪고, 불필요한 에너지를 쓰며, 일을 두 번 반복하게 된다. 단순히 글을 못 쓰는 사람이 되는 것이 아니라 생산성을 해치고, 협업에 방해되며 결국 '함께 일하기 어려운 사람'으로 낙인찍히는 결과를 초래한다.

독자에 대해 꼭 알아야 할 2가지

디지털화로 인해 직장에서 소통의 양이 늘고 속도는 빨라졌지만, 전달력은 오히려 약해지고 있다. 핵심이 보이지 않는 글, 읽히지 않는 메시지는 일의 흐름을 끊고 생산성을 떨어뜨린다. 그 원인은 단순하다. 독자를 고려하지 않기 때문이다. 내 글과 문서를 읽는 사람, 독자의 상황, 읽는 방식, 읽는 환경 그리고 상대방의 문해력 수준까지도 고려하지 않으면 글은 의도대로 일하지 못한다. 당신의 독자가 누구든, 독자에 대해 꼭 알아야 할 2가지가 있다.

첫째, 독자는 읽지 않는다

웹가독성을 연구하는 닐슨 노먼 그룹의 조사에 따르면 웹 사용자는 전체 텍스트의 20%만 읽는다.[1] 디지털 채널은 지면의 제약이 없기에 이메일은 장황해지고 보고서는 끝없이 늘어지기 쉽다. 그럴 때 독자는 다 읽지 않고, 읽기를 포기한다. 〈인사이더Insider〉의 편집장인 니컬러스 칼슨Nicholas Carlson은 "독자들을 고려하여 기사 분량은 600단어(약 2,400자)를 넘지 말라"고 지시했다.[2] 내부 데이터에 따르면 독자들은 1분에 약 250단어에 도달할 수 있지만 212개의 단어를 읽으면 다음 기사로 넘어

가는 경향이 있기 때문이다. 독자의 집중력과 가독성을 고려한 편집 전략이다.

둘째, 독자는 스캔한다

스마트폰과 온라인 플랫폼 환경에서 독자는 한눈에 파악되지 않으면 읽기를 포기한다. 그렇기에 글을 눈에 띄게 만드는 전략이 필요하다. 정보를 빠르게 파악할 수 있도록 제목, 문단, 문장 구조 등 시각적 요소를 명확하게 구성하는 식이다. 특히 디지털 채널에서 쓰는 글의 제목은 단순하고 짧아야 한다. 그래야만 빠른 클릭과 높은 조회수를 기대할 수 있다.

임원도, 팀장도, 신입도 지위 고하에 관계없이 '읽지' 않고 스캔한다. 처음부터 끝까지 다 스캔하지도 않는다. 필요한 내용만 찾아내고 골라낸다. 따라서 읽히는 글이 아니라 '대충 봐도 전달되는 글'을 써야 한다.

미디어 서비스 기업 악시오스의 연구에 따르면 현대인은 하나의 콘텐츠를 읽는 데 평균 26초를 쓴다고 한다. 클릭한 웹페이지를 읽는 데에 쓰는 시간은 15초. 매일 344번 이상, 최소한 4분에 한 번꼴로 스마트폰을 확인하면서 화면에 뜨는 거의 모든 것을 읽지 않고 훑어본다.[3] 이러한 독자들에게는 짧기만 한 문장이 아닌 '한눈에 들어오고 행동을 유도하는 구조화된 글쓰기'가 필요하다.

맞춤화 공식 VIEW

맞춤화는 글쓰기 과정 전반에 걸쳐 독자를 최우선 생각하고 가장 중심에 두는 것을 말한다. 누가 이 글을 읽는지, 무엇을 궁금해하는지, 언제 어디서 이 글을 읽고 활용할지, 독자의 문해력 수준은 어느 정도인지 등을 종합적으로 고려하여 내용을 설계하는 전략이다. 이를 위한 실행 공식인 VIEW(뷰)는 다음과 같다.

Viewer	독자 식별: 이 글은 누구를 위한 글인가?
Intention	의도 파악: 독자는 무엇을 알고 싶어 하는가?
Expectation	기대 반영: 정보량, 톤, 형식은 알맞은가?
Why Now	필요성 제시: 왜 지금 글을 읽어야 하는가?

내가 성심성의껏 작성했어도 글의 주인은 독자다. 독자가 읽고 행동할 때 글은 의미를 갖기 때문이다. 글쓰기가 실패하는 이유의 대부분은 쓰는 이가 중심이 되었기 때문이다. 읽는 이를

고려하거나 배려하지 않은 채, 내가 쓰고 싶은 대로 쓴 글은 아무도 읽고 싶어하지 않는다. 특히나 업무 글쓰기는 더더욱 '무엇을 쓸까'보다 '누구를 위해 쓸까'로 시작해야 성공한다.

직장인이 쓰는 글과 문서는 '의도된 독자'를 위한 것이다. 의도된 독자란 〈ISO 24495-1〉에서는 읽는 이를 지칭하는 표현이다. 독자가 누구냐에 따라 내용도, 구조도, 어조도 달라져야 한다. 〈ISO 24495-1〉의 4개의 원칙을 설명하는 4개의 문장의 주어는 바로 '독자'다.

독자들은 필요한 것을 얻습니다.
독자들은 필요한 것을 쉽게 얻습니다.
독자들은 그들이 발견한 것을 쉽게 이해할 수 있습니다.
독자들은 정보를 쉽게 사용할 수 있습니다.

〈ISO 24495-1〉 제정의 기반이 된 미국의 플레인PLAIN 센터는 훨씬 전부터, '평이한 글쓰기'의 철학과 실천 원칙을 구축한 대표적인 기관이다. 그래서 국제표준화기구는 플레인 센터의 축적된 원칙을 집약하여 세계 표준으로 채택했다. 플레인 센터에서는 독자 분류Reader Segmentation를 전략적 글쓰기의 첫 단계로 삼으라고 권고한다. 특히 독자 집단별로 수행하는 '과업Task'

을 분석해야 한다고 강조한다. 이는 의사결정자와 실무자처럼 역할이 다른 독자에게는 전달해야 할 정보의 구성 방식도 달라져야 한다는 원칙에서 비롯된다. 플레인 센터는 이러한 '차별적 정보 설계'가 실행을 이끄는 글쓰기의 핵심이라고 본다. 나는 글쓰기 코드에서 이를 맞춤화로 재구성하며 '독자를 차별하라'고, 독자를 특정한 다음 그 독자에 맞춰 정보를 제공하라는 원칙을 세웠다.

독자에 맞춰 글을 쓴다는 것은, 누가 이 글을 읽는지, 무엇을 궁금해하는지, 언제 어디서 이 글을 읽고 활용할지, 독자의 문해력 수준은 어느 정도인지 등을 종합적으로 고려하여 내용을 설계하는 전략이다. 이를 위한 실행 공식 VIEW는 다음 4가지 질문과 미션으로 구성된다.

Viewer　　독자 식별: 이 글은 누구를 위한 글인가?
　　　　　　→ **독자를 특정하라.**

Intention　　의도 파악: 독자는 무엇을 알고 싶어 하는가?
　　　　　　→ **독자의 의도를 확인하라.**

Expectation　기대 반영: 정보량, 톤, 형식은 알맞은가?
　　　　　　→ **독자의 기대를 반영하라.**

| Why Now | 필요성 제시: 왜 지금 글을 읽어야 하는가? |

→ 이 글의 필요성을 어필하라.

실행 공식 VIEW(뷰)를 작동시키면 이 질문에 대한 답이 생기고, 그 답을 바탕으로 독자 맞춤형 글쓰기가 가능해진다.

맞춤화 기본기를 장착하면

"독자는 딱 한 사람이다."

나는 글쓰기 교육을 할 때 이 원칙을 가장 강조한다. 팀원 전체에게 메시지를 보낼 때도 모두를 아우르는 글을 쓰기보다 팀원 중 한 사람을 특정해 작성하면 내용이 더 정확해지기 때문이다. 초안을 쓰고 점검할 때도 가급적 한 사람의 시선에서 살펴보길 추천한다.

이메일을 쓸 때 '누가 1차 독자인가'를 파악하고, 보고서를 쓸 때 '누가 최종 판단자인가'에 따라 쓰면 담길 정보와 표현 방식이 달라진다. 이것이 맞춤화 기본기가 필요한 이유다. 독자를 제대로 설정하는 순간, 글은 달라진다. 간결해지고 명확해지며 의도가 또렷해진다. 보고서는 의사결정자 중심으로, 제안서는 외부 고객 중심으로, 협업 메시지는 실무 실행자 중심으로 쓰게 된다. 이렇게 쓰면, 글이 제 일을 하고 의도한 성과를 만들어낸다.

> 맞춤화 기본기는 〈ISO 24495-1〉이 제시한 글쓰기 표준 4대 원칙 중 첫 번째 원칙, 관련성Relevant에 해당한다.
>
> Readers get what they need.
> 독자는 필요한 정보를 얻을 수 있어야 한다.

여기서 '관련성'은 글의 목적이 독자의 필요와 맞닿아 있어야 하며, 독자가 원하는 정보가 빠짐없이 들어 있어야 한다는 의미다. 단순한 정보 나열이 아니라, 독자 입장에서 꼭 필요한 정보가 무엇인지 판단하고 담아내는 능력을 뜻한다.

맞춤화 첫 번째 기술 Ⅴ
독자를 특정하기

글쓰기를 어려워하는 직장인들의 가장 큰 걱정거리는 '무엇을 쓸까'다. '무엇' 꽂혀 '이 글을 누가 왜 읽어야 하는지'를 잊어버린다. 아무나 읽어도 되는 글은 누구도 읽지 않는다. 누가 이 글을 읽는지, 그의 입장은 어떤지가 분명하지 않으면 표현은 애매해지고 메시지는 약해진다. 직장인 글쓰기에서 가장 중요한 출발점은 '누구에게 쓰는지'를 명확히 하는 것이다. 글을 쓰기 전, 다음 3단계로 독자를 설정하라.

1단계, 독자의 역할과 위치를 파악한다
독자는 어떤 부서에서, 어떤 직급으로, 어떤 업무를 담당하는가?

실무자인지, 관리자나 의사결정자인지에 따라 내용, 표현, 전달 방식이 달라진다.

2단계, 독자의 관심사와 책임을 파악한다

이 글에서 독자는 무엇에 주목하고, 무엇에 책임을 지는가?

하나의 과업이라도 예산, 일정, 리스크 중 무엇을 중요하게 보는지에 따라 강조점이 달라진다. 관심사는 곧 책임과 연결되며, 내용의 구조를 좌우한다.

3단계, 독자의 후속 행동을 예상한다

이 글을 읽은 뒤, 독자는 무엇을 할 것인가?

자료 검토, 승인, 보고, 회신 등 예상되는 다음 행동에 따라 글의 방향이 달라진다. 이 글을 읽은 뒤에 독자는 판단하는가, 지시하는가, 수행하는가? 후속 행동을 예상해야 메시지가 정밀해진다.

이 3단계로 독자를 파악하면, 한 문장으로 정리가 가능하다. "이 글은 누구에게, 어떤 행동을 유도하기 위해 쓰는가?" 예를 들어 글을 쓰기 전에 다음과 같이 정리할 수 있다.

"이 기획안은 법무팀을 통하는 문서로, 임직원들의 생활법률 서비스를 지원하자는 사원 복지 개편안을 경영진의 승인을 받기 위해 작성해야 한다."

"이 안내문은 고객서비스 센터 상담 실무자에게 변경된 댓글 소통 예문을 전달하기 위한 것이다."

실전 사례

업무용 메신저 슬랙의 팀 게시판에 이런 글이 올라왔다.

"지난 회의 안건 검토 부탁드립니다. 시간 될 때 한 번 봐주세요."

팀 게시판에 쓴 글이니 팀원더러 읽으라는 글일 것이다. 하지만 독자를 특정하지 않아 누구도 관심을 가지지 않는다. 요청 사항도 모호하다. 그 안건을 검토한다는 것은 어디까지를 말하는 것인지 알 수 없다. 시간이 될 때 봐달라? 바쁘면 그냥 지나쳐도 된다는 것일까? 이런 메시지는 전달되지 않고, 의도한 행동도 유발되지 않는다. 팀원 중 한 명을 특정하여 개선해보자.

"강 선임, 지난 회의(수요일 14:00) 안건 중 3번 항목에 대해 실행 여부를 검토해 주세요. 부사장님께 보고서를 올려야 합니다. 실행 가능한지 확인해보고, 대략의 일정까지 포함하여 금요일 오전까지 회신 부탁드립니다."

수신자를 정확히 특정했고, 실행 가능성 검토라는 내용, 피드백 제공이라는 요청, 금요일 오전이라는 기한까지 명확하게 전달했다. 독자의 책임과 기대 행동을 분명히 설정한 글로 바뀌었다.

독자를 특정하라는 세부 기술은 〈ISO 24495-1〉의 소개 Introduction 부분 첫 문장이 강조한다.

Plain language is communication that puts readers first. It considers:
— what readers want and need to know;
— readers' level of interest, expertise and literacy skills;
— the context in which readers will use the document.

평이한 언어는 독자를 최우선으로 생각하는 의사소통이다. 이는 다음을 고려한다.
— 독자들이 원하고 알아야 할 것.
— 독자들의 흥미, 전문 지식 및 문해력 수준.
— 독자들이 문서를 사용하는 맥락.

이 책에서는 독자의 직무, 관심사, 행동 목적이라는 3가지 기준으로 정리했다.

| 맞춤화 두 번째 기술 |

독자의 의도를 확인하기

직장인은 문서나 글을 정독하지 않는다. 필요한 정보를 찾고, 판단하고, 실행하기 위해 본다. 정보 전달을 넘어 정보의 사용이라는 글쓰기 목적을 달성하려면 읽는 사람의 의도에 집중해야 한다. 독자의 관점에서 그들이 알고 싶어하는 정보, 무엇을 기대하고 염려하는지 속내를 미리 파악해야 한다.

독자의 의도를 확인하려면

글을 쓰기 전, 다음 3가지 ICE(아이스) 질문에 답하라. 이 질문에 대한 답이 독자 중심 메시지 설계의 열쇠다.

첫째, 독자는 무엇Idea을 알고 싶어 할까? 핵심 정보를 뽑아내야 한다. 독자는 요약된 결론이 필요한가? 구체적인 수치인가? 비교 항목인가?

둘째, 독자는 무엇을 염려Concern할까? 읽는 사람이 가장 먼저 해결하려 할 의문은 무엇인가? 가령, 예산이 줄어든 이유인가, 일정이 변경된 배경인가?

셋째, 독자는 무엇을 기대Expectation할까? 문서를 통해 독자가 바라는 결론은 무엇인가? 읽은 뒤 어떤 질문에 답할 수 있어야 하는가?

3가지 ICE(아이스) 질문에 답하다 보면 '누구에게, 왜 쓰는지'가 드러나는 독자 중심 메시지가 작성된다.

"이 지침은 정문 안내데스크 담당 직원이 내방객을 안내하는 시간을 5분 이내에 진행하도록 써야 한다"

"이 안내문은 이순신 장군 탄생기념일 행사 담당자가 추가로 질문하지 않아도 바로 실행할 수 있도록 작성되어야 한다."

실전 사례

팀별 보고가 진행되는 인트라넷 게시판에 TF_{Task Force} 팀이 아래와 같은 내용을 올렸다.

"저희 팀은 프로젝트 A의 목표대로 a, b, c 업무를 차례로 수행했습니다. 일부 일정 변경이 있었으며, 세부 내용은 아래를 참고 바랍니다."

부서장이 알고 싶어하는 것은 업무 진행 전반이 아니다. 계획대로 업무가 제대로 진척되고 있느냐다. 이를 위해 부서장은 전체 업무의 진척률, 주요 이슈, 예상 차질 여부 등 지금 반드시 파악해야 할 핵심 정보를 원한다. 하지만 위 보고 내용은 독자의 이러한 의도를 전혀 충족시키지 못한다. 독자의 의도에 맞춰 개선해보자.

> TF팀의 프로젝트 A 진행 현황을 보고드립니다.
> 전체 진척률: 70% (계획 대비 정상 진행 중)
> 주요 이슈: 지난주 해외지사와의 협업이 외주 지연으로 일시 중단되었으나, 전체 일정에는 영향이 없습니다.
> 예상 차질: 없음. 협업은 이번 주 목요일까지 마무리 예정입니다.

이처럼 진척률, 주요 이슈, 예상 차질 여부를 명확히 제시하며, 부서장이 지금 꼭 알아야 할 핵심 정보를 빠르게 파악할 수 있다. 불필요한 서론이나 일반적 설명을 줄이고, 독자의 의도에 맞춘 구조와 워딩을 사용해 명확성과 효과성을 높였다.

이 세부 기술은 〈ISO 24495-1〉 5.1.3에서 다뤄진다.

Authors should identify why readers will read the document.
For example, readers can be doing any of the following:
— seeking instructions to complete a task;
— wanting to make a decision;
— looking for background or reference information;
— trying to understand a process, policy, or regulation.

문서를 작성하는 사람은 독자가 그 문서를 읽는 이유를 파악해야 한다.
예를 들어, 독자는 다음과 같은 목적을 가질 수 있다.
— 어떤 업무를 수행하기 위한 지침을 찾고자 함.
— 의사결정을 내리기 위함.
— 배경정보나 참고 자료를 찾기 위함.
— 어떤 절차나 정책, 규정을 이해하기 위함.

맞춤화 세 번째 기술 E
독자의 기대를 반영하기

독자는 글을 읽기 전부터 기대한다. 글의 내용의 방향과 깊이, 정보량과 문서 형식까지 독자의 머릿속에는 나름의 기준과 기대가 있다. 이 기대를 충족하지 못한 글은, 읽히지 않거나 의도한 행동을 끌어내지 못한다. 직장인의 글쓰기는 독자의 기대에 부응해야 한다.

독자의 기대를 반영하려면

독자의 기대 수준을 충족하려면 독자에 대해서 다음 3가지가 점검되어야 한다.

첫째, 독자의 이해 수준에 맞는 용어와 표현을 사용한다. 같은 내용이라도 독자의 언어로 바꾸면 메시지 전달력이 크게 높아진다. 실무자에게는 실무 현장에서 쓰는 언어로, 임원에게는 전략적 관점의 언어로 작성한다. 예를 들어, 'VOC', 'NPS'는 고객 응대 담당자에게 익숙한 용어지만, 고객 안내문에는 '불만', '만족도'처럼 쉬운 단어가 더 적합하다.

둘째, 독자의 역할에 맞는 정보량과 밀도를 조절한다. 모든 독자에게 동일한 정보량과 수준을 제공하는 것은 효과적이지 않다. 실무자들은 수치와 실행 단계 등 구체적인 정보를, 관리자들은 요약된 결과와 핵심 이슈를, 임원들은 전략적 판단과 의사결정에 필요한 인사이트를 원한다. 이러한 기준에 맞춰 글을 작성해야 한다.

셋째, 독자가 선호하는 형식과 방식으로 전달한다. 관리자는 핵심만 빠르게 파악하고 싶어 하고, 실무자는 구체적 내용을 원한다, 고객은 쉽게 읽고 바로 이해할 수 있기를 기대한다. 이런 기대를 충족하려면 표, 단계 구분, 요약 박스 등 다양한 형식적 장치를 활용해 읽기 편하게 작성해야 한다.

이처럼 독자의 이해 수준, 역할, 선호하는 형식까지 고려하면, 기대에 부응하는 명확하고 효과적인 글쓰기가 가능하다. 동일한 내용도 독자별 기대와 역할에 맞게, 정보의 양과 깊이, 표현 방식을 달리하면 전달 효과가 극대화된다. 예를 들어보자.

실무자용 메시지(실행 중심, 상세 안내)

7월 1일부터 자율좌석제가 전면 시행됩니다.

모든 지정 좌석이 해제되며, 출근 후 빈 좌석에 로그인해 사용하시면 됩니다. 좌석 사전 예약은 사내 '스페이스 플랜' 시스템에서 전날 오후 4시까지 가능합니다.

모니터·키보드 등 개인 장비는 5층 복도 공용 보관함에 수납 후 사용하세요.

※ 6월 17일~30일은 시범 운영 기간입니다.

관리자용 메시지(운영 유의사항, 팀 관리)

7월 1일부터 전사 자율좌석제가 도입됩니다.

전 부서 공통 적용되며 좌석 예약은 '스페이스 플랜' 시스템으로 통합 관리됩니다.

6월 17일부터 30일까지는 시범 운영으로, 실사용자 불편사항을 수집해 30일 내부 점검 회의에서 보완 안을 논의 및 확정합니다. 그때까지 팀원들에게 사전 안내와 부서별 공유 장비 리스트 및 정리 현황을 (6월 13일까지) 제출하시길 바랍니다.

임원용 메시지(정책 목표, 핵심 리스크)

7월 1일부터 전사 자율좌석제가 정식 시행됩니다.

공간 효율화와 유연근무 확산을 목표로 하며, 6월 17일부터 2주간 시범 운영을 거쳐 사전 리스크를 점검합니다. 현재 직원 수 대비 좌석 이용률은 평균 58%입니다.

초기 2주 동안 IT 장비 분실, 자리 선점 등 혼선이 예상되는 구간에 대해 별도 대응 체계를 운영합니다. 시행 첫 주에는 실시간으로 현장 피드백을 수집해, 필요 시 즉각 보완 조치를 반영하겠습니다.

실전 사례

다음은 실무자가 임원에게 공유한 예산 보고서의 서두다. 이 메시지는 실무 정보 위주로 구성되어 있어, 임원이 알고 싶어 하는 핵심 요약과 의사결정에 필요한 판단 기준이 빠져 있다. 임원의 기대수준에 맞게 개선해보자.

"4월 예산은 85% 집행 완료되었으며, 항목별 증감 내역은 아래와 같습니다. 세부 항목은 ERP 시스템 기준으로 분류했습니다."

　ㄴ "4월 예산 집행률은 85%로 예상 범위 내에서 안정적으로 운영되

고 있으며, 인건비와 외주비가 주요 지출 항목입니다. 이번 성과는 향후 분기별 예산 편성 및 전략 수립에 참고하실 수 있으며, 잠재적 리스크와 추가 절감 방안도 함께 검토 중입니다."

핵심 성과(집행률), 주요 지출 항목, 그리고 앞으로의 활용 방안(참고 및 검토)을 명확히 제시하여 임원이 빠르게 전략적 판단을 내릴 수 있도록 구성했다.

> 이 세부 기술은 〈ISO 24495-1〉의 소개 Introduction 섹션에서 강조된다. 즉, 독자의 필요, 수준, 맥락을 중심으로 글을 설계하라는 것이 평이한 언어의 출발점이다.
>
> Plain language is communication that puts readers first. It considers:
> — what readers want and need to know
> — readers' level of interest, expertise and literacy skills
> — the context in which readers will use the document.
> 평이한 언어는 독자를 최우선으로 생각하는 의사소통이다. 이는 다음을 고려한다.
> — 독자들이 원하고 알아야 할 것.
> — 독자들의 흥미, 전문 지식 및 문해력 수준.
> — 독자들이 문서를 사용하는 맥락.

맞춤화 네 번째 기술 W
글의 필요성을 어필하기

직장인은 해야 할 일이 많다. 읽어야 할 글도 넘친다. 이런 상황에서 다른 일은 제쳐두고 내가 쓴 글을 왜 바로 읽어야 하는지 설명하지 못하면, 그 글은 후순위로 밀려나 읽히지 않는다. 업무 현장에서 독자가 관심을 두지 않는 글은 의미가 없다. 업무 글쓰기는 특히 독자가 정보를 제때 활용할 수 있도록 도와야 한다.

문장과 문서 속에 '이 글이 왜 읽어야 하는지, 지금 무엇을 해야 하는지'를 한눈에 파악할 수 있도록 써야 한다. 글의 필요성을 분명히 드러내려면, 서두에 다음 3가지 질문에 대한 답을 담아야 한다.

이 글이 독자의 현재 상황과 어떤 관련이 있는가?

독자의 당면 과제나 직무와 직접적으로 연결이 되는가?

지금 읽지 않으면 독자에게 어떤 불이익이 생기는가?

독자가 글을 제때 읽지 않아 실행이 늦어질 때 발생할 손실, 혼선, 기회 상실 등을 명확히 밝힌다. 반대로 지금 읽고 바로 행동하면 얻을 수 있는 이익, 실수 방지, 성과 달성 같은 구체적인 실익도 함께 제시한다. 앞서 자율좌석제 시행 안내문에서 실무자와 관리자에게 각각 다르게 안내문을 작성했다. 여기에 필요성을 더하는 문구를 추가해보자.

실무자용 메시지에는 자리 확보 실패로 인한 즉각적 불이익을 강조한다.

"6월 17일부터 시범 운영이 시작됩니다.

초기 적용 대상자는 예약 시스템 사용법을 빠르게 익혀야 합니다.

사용법을 숙지하지 않으면 자리를 확보하지 못할 수 있으니

지금 바로 사용법을 확인하고 예약 연습을 해보길 바랍니다."

관리자용 메시지에는 운영 계획을 기한과 직접 연결한다.

"자율좌석제와 관련해 6월 13일까지 부서별 공용 장비 리스트 및 정리 현황을 회신 바랍니다. 그래야 6월 17일 시범 운영 시행에 차질 없이 반영할 수 있습니다. 공유하지 않으면 사무실 배치 조정에 누락 되어 혼선이 발생하고, 업무에 지장이 생길 수 있습니다."

실전 사례

다음은 H 팀장이 업무용 메신저에 올린 메시지다.

"워크숍 일정 조정이 필요합니다. 가능한 날짜를 확인하고 댓글을 달아주세요. 일정이 바뀌면 장소는 추후 공유하겠습니다."

메시지에는 '일정을 지금 확정해야 하는 이유'가 빠져 있다. 또한 가능한 날짜가 언제부터 언제까지인지도 정확히 적혀 있지 않아 바로 답하기가 어렵다. 독자가 즉시 반응할 동기가 약해 응답이 지연되고, 일정 조율도 늦어진다. 반면 기한, 실익, 불이익을 구체적으로 제시하면 독자의 즉시 실행을 이끌 수 있다.

"워크숍 일정 조정이 필요합니다. 오늘 오후 3시까지 일정을 확정해야 장소 예약이 가능하기에 11월 목~금 중 가능한 날짜를 댓글로 답해주세요. 3시까지 회신이 없으면 기본 일정으로 확정하고, 이 경우에는 워크숍 장소가 바뀝니다."

> 이 세부 기술은 〈ISO 24495-1〉 5.2.1항에 일치한다.
>
> Readers should be able to quickly determine what the document is about and whether it serves their purpose.
> 독자는 문서가 무엇에 관한 것인지, 그리고 그 문서가 자신의 목적에 부합하는지 신속하게 판단할 수 있어야 한다.

4장

한눈에 읽도록 써라

구조화

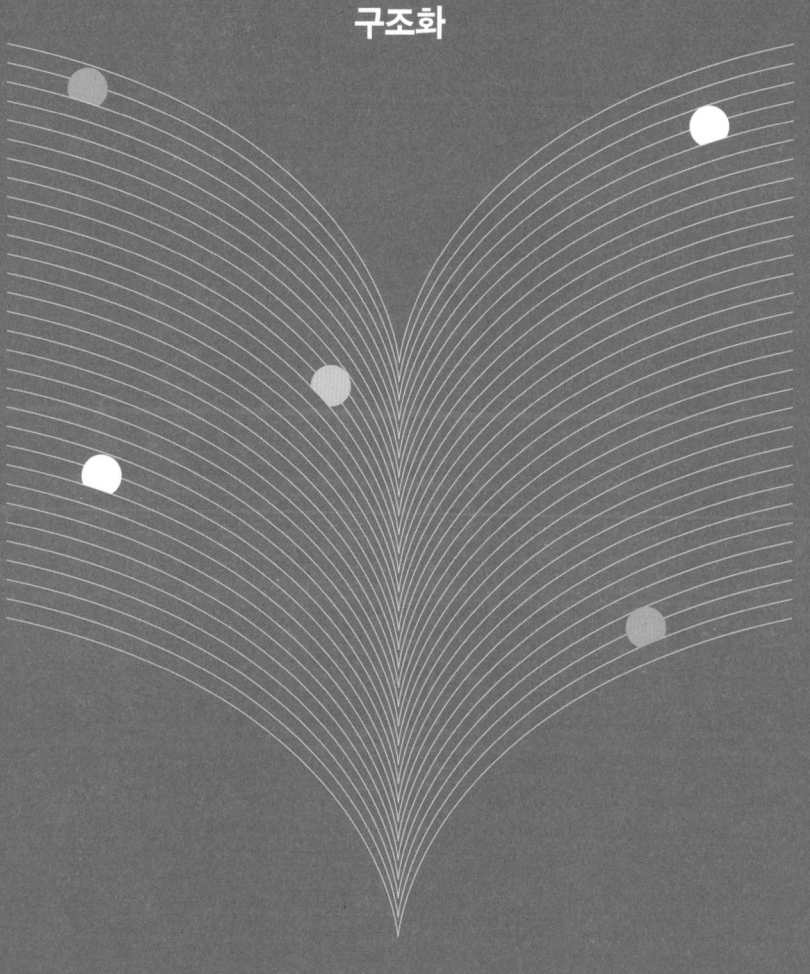

순간 인식을 돕는 구조화 기술

해외에서 판매 중인 한국 라면 제품에 '암과 생식기능 장애 유발WARNING: Cancer and Reproductive Harm'이라는 경고문이 붙어있어 소비자들이 한때 혼란을 겪었다.[1] 해당 문구는 명확한 설명 없이 단 한 줄로 인쇄되었고, 자세한 정보는 웹사이트 링크 안에만 포함되어 있었다. 이를 발견한 한 외국인이 SNS에 영상을 찍어 올리면서 수백만 시청자들은 문구의 의미를 알지 못한 채, 불안과 오해를 퍼뜨렸다. 결국 이 문구는 캘리포니아주 법령(Proposition 65)에 따라 미국 수출용 제품에 형식적으로 붙는 법적 안내임이 밝혀졌다. 그러나 이미 소비자는 경고문만 마주한 상태에서 적절한 정보 없이 혼란에 빠진 뒤였다.

이런 상황이 일어나지 않도록 〈ISO 24495-1〉은 독자의 관심과 필요를 고려하고, 이해 수준과 문해력에 맞추며, 해당 문서가 실제로 사용될 맥락까지 함께 설계해야 한다는 원칙을 세웠다. 글쓰기 코드는 이 원칙을 구조화 기술로 구체화했다. 요즘 독자는 0.3초 만에 이 글을 읽을지 말지 결정한다. 읽기 어렵다고 느끼는 순간, 독자는 바로 읽기를 포기한다. 그러니 한 번에 읽히게 써야 한다.

〈ISO 24495-1〉 탄생의 모태가 된 평이한 언어Plain Language 운동은 정보를 독자가 쉽게 찾고Find, 이해하며Understand, 바로 활용Use할 수 있도록 설계하라고 권고한다. 이러한 목표는 구조화 작업의 목표이기도 하다. 이메일이나 슬랙 등 디지털 채널에 주로 쓰는 직장인의 글은 길고 복잡하다. 처음 언급한 내용이 뒤에 가서 바뀌거나, 이유만 길게 설명하다가 정작 핵심은 묻히는 경우도 흔하다. 핵심은 구조다. 글의 흐름이 한눈에 들어오도록 설계되어야 메시지가 전달되고, 독자는 행동으로 옮긴다.

글의 흐름이 한눈에 들어오게 설계해야 하는 또 하나의 이유는 검색이 AI 추천으로 대체되고 있기 때문이다. 보스턴컨설팅그룹Boston Consulting Group의 조사에 따르면, 전 세계 소비자의 28%가 제품을 추천받을 때 AI를 활용하고 있으며, 이 수치는 계속해서 증가하고 있다.[2] 앞으로는 소비자가 직접 검색하고 비교하는 시간을 줄이고, AI가 요약해 준 정보나 추천을 그대로 수용하는 사례가 많아질 것이다. 따라서 기업과 브랜드는 AI가 순간 인식할 수 있는 글을 써야 한다. AI가 해석할 수 있는 콘텐츠는 정보의 흐름이 명확하게 구조화된 글이다.

구조화 공식 SCAN

구조화는 독자가 정보를 한눈에, 단번에 파악하도록 정보를 포장하는 기술이다. 여기에서 독자란 사람뿐 아니라 AI도 포함이다. 다음은 실행 공식 SCAN(스캔)을 구성하는 4가지 질문과 미션이다.

Structure   흐름 구조: 전체 흐름이 한눈에 보이는가?
→ **논리적으로 써라.**

Clustering   정보 묶기: 정보를 묶고 정돈했는가?
→ **정보를 묶고 정돈하라.**

Anchor   시각적 구분: 행갈이, 약물 등으로 구조를 시각화했는가?
→ **눈에 띄게 포장하라.**

Navigation   정보 탐색: 필요한 정보를 빠르게 찾을 수 있는가?
→ **원하는 정보를 바로 찾게 하라.**

구조화 기술을 장착하면

글을 구조화하면 독자는 글을 읽는 순간 '전체 흐름'을 파악하게 된다. 구조화 기본기가 구축되면 글을 쓸 때 중요한 내용은 먼저 눈에 띄고, 관련 정보는 군더더기 없이 정리하여 쓰게 된다. 보고서, 제안서가 결론 중심 구조와 논리 흐름으로 명확해진다. 기획서, 메일은 핵심부터 보여주고, 관련 내용을 묶어 읽기 편하게 전달된다. 업무용 메신저는 메시지가 정보 단위별로 쪼개져, 한눈에 파악된다.

구조화 기본기는 〈ISO 24495-1〉이 제시한 글쓰기 표준 4대 원칙 중 두 번째 원칙, 탐색 가능성 Findable에 해당한다.

Readers can easily find what they need.
독자가 필요한 정보를 쉽게 찾아볼 수 있어야 한다.

여기서 '탐색 가능성'은 문서 내에서 정보가 논리적이고 구조적으로 배치되어 있어야 하며, 독자가 특정 내용을 빠르게 탐색할 수 있도록 구성되어야 함을 뜻한다. 제목, 번호, 시각적 단서 등을 활용해 길잡이 역할을 해주는 것이 핵심이다.

구조화 첫 번째 기술 S
한눈에 파악되는 논리적 쓰기

사람의 뇌는 정보를 접할 때 본능적으로 규칙이나 관련성 및 논리적 구조를 찾으려 한다. 이때 정보가 논리적으로 잘 정리되어 있으면 전체를 쉽게 이해할 수 있고, 각각의 부분이 어떻게 연결되어 있는지도 단번에 인식할 수 있다. 그러면 뇌는 정보를 더 빠르고 쉽게 활용할 수 있다. 직장인의 글과 문서에 구조화가 반드시 실행되어야 하는 이유다.

구조화되지 않은 글쓰기는 글쓴이의 생각이나 감정의 흐름을 그대로 드러내기 쉽다. 반면 구조화는 명확하고 논리적인 체계에 맞춰 문서를 설계하는 접근 방식이다. 이렇게 쓰인 글은 독자가 내용을 빠르게 읽고 정확히 이해하며 필요한 행동으로 이어질 수 있도록 돕는다. 이를 위해 제목, 부제목, 글머리 기호,

명확한 전환어 등을 활용해 정보를 섹션과 단계로 구분하는 작업이 필요하다.

디지털 시대의 독자는 글을 차분히 끝까지 읽지 않는다. 글 전체를 한눈에 스캔하거나, 필요한 부분만 콕 집어 읽는다. 이러한 독자는 대개 다음 3가지를 순서대로 알고 싶어 한다. 첫째, 무엇을 하라는 건가? 둘째, 왜 그렇게 하라는 건가? 셋째, 그래서 지금 내가 뭘 해야 하는가?

독자가 글의 내용을 한눈에 파악할 수 있게 하려면 이 3가지 흐름에 답이 되는 문장을 써야 한다. 이 순서에 맞춰 쓰는 것만으로도 글은 논리적으로 정돈된다. 이렇게 정보를 구조화하는 도구가 OREO(오레오) 공식이다. 나는 글쓰기 수업에서 이 공식을 활용해, 논리정연하면서도 한 눈에 파악되는 글을 쓰도록 안내한다.

OREO(오레오) 공식은 하버드대학교의 로지컬 라이팅과 글로벌 컨설팅사 맥킨지앤드컴퍼니의 사고 프레임을 결합해 만든 논리적 사고와 실전 글쓰기 프레임워크다. 독자의 관심을 받고 판단으로 이어질 수 있도록 순서에 맞춰 설계된 이 공식은 다음 4단계로 구성된다. 의견Opinion—이유Reason—사례Example—실행제안Opinion이다. 즉 '핵심을 말하고-이유로 설득하고-사례로 증명하고-실행을 제안한다'는 논리적 사고의 흐름이다.

Opening **O**pinion	핵심 제안: 핵심 메시지를 제시한다.	
	→ **결론, 제안, 요청을 맨 앞에 쓴다.**	
Reason	이유 설명: 메시지를 제시한 이유를 밝힌다.	
	→ **배경, 문제 상황, 타당한 근거를 제시한다.**	
Example	사례 첨부: 구체적인 사례나 예시로 설득한다.	
	→ **성공한 사례담으로 신뢰를 더한다.**	
Closing **O**pinion	실행 제안: 실행을 제안하여 행동을 유도한다.	
	→ **실행에 필요한 조치, 기한, 방법 등을 명확히 적는다.**	

실전 사례

아래 예시는 P 팀장의 사례다. P 팀장은 외식 분야 프랜차이즈 사업체의 신규점포 오픈을 지원하게 되었다. 속초지점은 수도권 밖 1호점이라 전사적으로 관심이 집중되는 상황인데 일정이 늦어져 긴급하게 보고해야 하는 상황이다.

이번 속초지점 오픈은 일정이 촉박합니다.
지점 인테리어가 연기되었고, 스태프 채용에 관한 계획도 정리해야 합니다. 속초 지역 광고 마케팅 일정도 고려해야 합니다.

다음 주 회의까지는 준비를 마쳐야 합니다.

우선 오픈일을 미루고 재예고부터 하는 것이 좋을 것 같습니다.

우왕좌왕하는 P 팀장의 모습이 글에서도 보이지 않는가? 긴급한 보고인데도 정보가 단순히 나열만 되어 있어서 말하고자 하는 핵심이 무엇인지 파악하기 어렵다. 이유와 요청이 반복되어 복잡하고 헷갈린다. 독자는 무엇을 해야 하는지 알 수 없다. OREO(오레오) 공식으로 매끄럽게 읽히는 글을 만들어보자.

속초지점 오픈일과 실행 계획을 전면 조정해야 함을 보고드립니다.

현재 지점 인테리어가 연기되었고, 스태프 채용도 아직입니다.

하지만 속초 지역 광고·마케팅 일정도 고려해야 하기에, 오픈일을 미루고 광고부터 하는 것으로 제안드립니다. OO 가게가 선광고로 사람들의 관심과 기대를 모은 사례가 있습니다.

2주 뒤로 오픈일을 미뤄주시면, 재공지하고 다음 주 회의 전까지 핵심 과제를 재편해 보고드리겠습니다.

OREO(오레오) 순으로 내용을 정렬한 결과 메시지가 한눈에 들어오고, 독자는 이제 무엇을 해야 하는지 바로 알 수 있다.

OREO(오레오) 공식은 이메일, 보고서, 기획안 등 모든 업무 글쓰기의 기본형이다. 내용을 논리정연하게 구조화하여 독자가 핵심을 빠르게 이해하고, 판단하거나 실행하기 쉽게 돕는다.

> 이 세부 기술은 〈ISO 24495-1〉 5.2.1 지침과 일치한다.
>
> Good structure and design help readers to easily find the information they need.
> 적절한 구조와 설계는 독자가 필요한 정보를 손쉽게 찾을 수 있도록 돕는다.
>
> 내용 흐름을 논리정연하게 구조화하여 독자가 핵심을 빠르게 이해하고 판단·실행하게 돕는다는 세부 기술로써 OREO(오레오) 공식은 〈ISO 24495-1〉 원칙 2의 '구조화된 배열' 지침과 일치한다.

구조화 두 번째 기술 C
정보를 묶고 정돈하기

실무에서 사용되는 문서는 정보의 밀도가 높다. 관련 항목을 구분 없이 나열하면 독자는 읽는 도중에 길을 잃거나 핵심을 놓친다. 내용이 많은 글일수록 묶는 기술이 필요하다. 관련된 정보를 묶고 정돈하는 기술이 바로 클러스터링Clustering이다. 비슷한 내용을 한데 묶고, 그 묶음에 이름을 붙이면 독자는 핵심을 빠르게 파악할 수 있다. 이때 관련된 정보는 함께 묶어 제시하되 그 묶음이 왜 그렇게 구성됐는지 논리적 근거가 있어야 한다. 직장인 글쓰기에서 클러스터링은 기본 중의 기본이다.

클러스터링의 핵심은 '정보를 단위별로 그룹화하는 것'이다. 한 가지 주제 아래 어떤 정보를 함께 묶어야 하는지 먼저 판단해야 한다. 이는 3단계 정리법을 기준으로 구성하면 수월하다.

정보를 묶고 정돈하는 3단계 정리법

1단계. 개요 먼저 드러내기

어떤 경우에도 개요가 먼저다. 핵심 개요를 먼저 밝히고, 이후 항목별 세부 설명을 붙인다.

팀 운영 방식은 근무 형태, 협업 툴 활용, 보고 체계가 있습니다.
ㄴ 팀 운영 방식은 3가지입니다.
   1) 근무 형태
   2) 협업 툴 활용
   3) 보고 체계

2단계. 같은 범주는 함께 묶기

정보가 3개 이상이면 리스트, 표, 박스 등으로 묶어 시각적 흐름을 정돈한다. 시각적 묶음으로 구성하면, 정보의 구조가 명확해져 빠른 파악이 가능해진다.

7월에는 기획서 작성 교육이 있고, 8월에는 보고서 작성 워크숍, 9월에는 외부 강사 특강이 예정되어 있습니다.
ㄴ 3분기 글쓰기 교육 일정은 다음과 같습니다.

7월: 기획서 작성 교육

8월: 보고서 작성 워크숍

9월: 외부 강사 특강

3단계, 기준을 밝히기

묶었던 기준을 밝히면 정보 사이의 관계가 드러나며 독자는 의구심을 품지 않고 바로 수긍하게 된다. 이해도가 높아지고, 기억도 오래간다.

에어비앤비의 신규 기능은 요리 수업, 지역 문화 체험, 전문가 가이드 연결, 맞춤 여행 설계, 실시간 통역 지원입니다.
┗ 에어비앤비의 신규 기능은 다음 3가지입니다.
　① 현지 경험 확장: 요리 수업, 지역 문화 체험
　② 전문가 매칭: 전문가 가이드 연결, 맞춤 여행 설계
　③ 통역 지원: 실시간 통역 기능 포함

실전 사례

인트라넷 게시판에 경영전략 본부장이 쓴 글이 보인다. 'AI

시대, 우리 회사가 뽑는 인재의 조건; 명문대보다 이것'이라는 제목이다. 제목도 흥미롭고 '필독'이라는 말머리까지 붙어 있어 클릭해본다.

[필독] AI 시대, 우리 회사가 뽑는 인재의 조건; 명문대보다 이것
요즘은 AI가 워낙 똑똑해서 웬만한 건 사람보다 더 정확하게 처리한다고 합니다. 그렇다고 해도 여전히 중요한 건 사람이 스스로 생각할 수 있어야 한다는 점이죠. 질문을 잘하는 것도 중요하고, 어떤 일을 시작하면 끝까지 해내는 것도 중요하다고 봅니다. 실수했을 때 그냥 포기하지 않고 다시 일어서는 것도 필요하겠죠. 사람마다 능력은 다르겠지만, 뭔가 새로운 걸 시도하려면 일단 궁금해하는 마음이 있어야 한다고 생각해요. 앞으로는 단순히 지식을 많이 아는 것보다는 그걸 어떻게 쓰는지가 관건인 것 같아요. 전문성을 갖추는 것도 필요하지만, 방향을 제대로 잡는 게 더 중요할 수 있고요. 결국 무슨 일이 있어도 자신을 믿고 나아가는 자세가 핵심이 아닐까요?

메시지가 산만하기 짝이 없다. 어떤 내용은 능력 중심, 어떤 내용은 철학적 조언, 어떤 건 미래 전망인데 구분 없이 뒤섞였다. 어떤 능력을 왜, 어떻게 길러야 하는지 전달되지 않는다. 텍스트 더미를 폭탄처럼 안기면 읽히지 않는다. 클러스터링 기술을 동원해 개선해 보자.

[필독] AI 시대에 회사가 뽑는 인재의 조건은? 명문대보다 '이것'

우리는 더 이상 학벌이나 자격증으로 인재를 판단하지 않는다. AI 시대에 진짜 중요한 건, 사람이 어떻게 사고하고, 어떻게 행동하며, 어디로 나아가려 하는지다. 이 흐름에 따라 인재상을 3가지 역량으로 나눴다.

첫째, 문제를 인식하고 질문을 던지는 '사고력'. 둘째, 그 생각을 행동으로 옮기고 끝까지 해내는 '실행력'. 셋째, 변화 속에서 방향을 읽고 스스로 나아가는 '방향력'.

먼저 사고력이다. 단순히 지식을 많이 아는 것보다, 그 지식을 어떻게 쓰느냐가 경쟁력이 된다. 궁금해하는 마음이 있어야 새로운 시도가 가능하고, 그 시작이 결국 창의성과 연결된다. AI가 도래한 지금 시대에도 여전히 중요한 건 스스로 질문하고 생각하는 힘이다.

다음은 실행력이다. 맡은 일을 책임지고 마무리할 수 있는 사람, 실수해도 다시 일어서는 회복탄력성이 강한 사람이 실수하지 않는 사람보다 더 큰 믿음을 준다. 인재는 말이 아니라 결과로 증명되는 법이다. 말보다 실행이 중요하고, 시작보다 완성이 중요하다.

마지막은 방향력이다. 전문성은 기본이고, 그 위에 방향을 읽는 통찰이 더해져야 한다. 빠르게 변하는 시대일수록 무엇을 알고 있느냐보다 어디로 가고 있는지를 보는 힘이 더 중요하다.

이 3가지 역량의 기저에는 어떤 상황에서도 스스로를 믿고 앞으로 나아가는 태도가 있다. 그래서 우리는 명문대보다 '태도'를 본다. 이것이 우리가 찾는 인재의 마지막 조건이다.

인재상을 사고-실행-방향이라는 3가지 역량으로 구조화해 정보 흐름을 명확히 했다. 각 항목을 개요-세부 구성으로 나누고, 관련 내용을 하나의 덩어리로 클러스터링하여 전달력을 높였다.

> 이 세부 기술은 〈ISO 24495-1〉 5.2.3 지침에 일치한다.
>
> Place element that belong together close to each other.
> 서로에 속하는 요소들은 서로 가깝게 배치한다.

구조화 세 번째 기술 A
눈에 띄게 포장하기

디지털 환경에서 긴 글은 가독성이 좋지 않다. 이때 시각적 장치인 앵커Anchor가 필요하다. 어떤 지점을 고정하는 고리, 닻이라는 뜻을 가진 것처럼 앵커는 단락을 나누고 단락마다 핵심 내용을 고정함으로써 독자가 내용을 한눈에 파악하게 만든다. 이렇게 글의 구조를 바꿔주면 독자는 문서의 의도를 쉽게 파악하고 원하는 정보를 빠르게 찾을 수 있다. 또한 구조화된 글은 읽는 이에게 신뢰를 주고, 오해를 줄이며, 빠른 실행을 유도한다. 이러한 구조화는 AI에게 일을 맡길 때도 중요하다. AI는 명확하게 구조화된 프롬프트를 작성해야 핵심 정보를 빠르게 인식하여 정확하게 답하기 때문이다.

문장을 이어 쓰면, 독자는 그것을 하나의 덩어리로 인식한다. 무슨 내용인지 파악하기 쉽지 않고 세부 내용은 놓치기 일 쑤다. 시각적 단서로 구조화하면 일일이 글을 읽지 않아도 전체 내용이 한눈에 들어온다. 내용 파악이 빨라야 실행도 빨라진다.

정보를 구조화하려면

크고 작은 정보 단위마다 내용을 요약한 제목을 붙이고, 중요한 항목은 번호나 기호로 정리하는 등의 방법으로 내용이 독자의 눈에 한 번에 보이게 작성한다. 복잡한 정보라도 한눈에 파악되기 쉽게 구조화하는 기술, 시각적 장치인 3가지 앵커를 소개한다.

앵커 1. 헤딩으로 내용 흐름 예고하기

헤딩Heading은 머리말 혹은 표제, 제목 등을 이르는 단어다. 글을 정보 단위로 나누어 핵심을 보여주는 기능이다. 먼저 정보를 의미 단위로 나누고, '제목: 설명'으로 구조화하는 방법이다.

"우리 회사는 다음 달부터 주 4일제를 시작합니다. 다만 법정 공휴일이 있는 경우엔 별도 휴무는 없고, 금요일 근무 시 대체휴일을 줍니다.

연차는 기존과 동일합니다. 격주 금요일 휴무제를 이미 시행 중이었고, 이번에는 확대된 내용입니다. 유연근무제는 그대로입니다."

한 단락에 중요한 내용들이 뒤섞여 있다. 이런 글은 첫 문장과 마지막 문장만 읽힌다. 먼저 정보를 의미 단위로 나눠보면 '제목, 내용, 실행일, 적용 대상, 운영 방식, 예외 사항, 기타'로 구분할 수 있다. 이는 그대로 소제목이 된다. 이제 소제목 옆에 내용을 간략하게 작성하면 끝이다.

[공지] 7월부터 주 4일제 시행 안내

시행일: 2024년 7월 1일부터

적용 대상: 전 임직원

운영 방식: 매주 금요일 전사 휴무

예외 사항:

− 금요일이 법정 공휴일인 경우, 별도 휴일 없음

− 금요일 근무 시 대체휴일 지급

기타:

− 연차 사용 제도는 기존과 동일

− 유연근무제 유지

앵커 2. 숫자와 기호로 항목별 정리하기

여러 항목을 복잡하게 얽힌 내용을 숫자가 기호로 나누거나 정리하면 독자가 내용 흐름을 빠르게 이해하고 따라갈 수 있다. 문장이 짧더라도 앵커를 사용하는 것이 더 효과적이다.

이번 주 안에 자료를 취합하고, 회의를 조율한 뒤, 최종 보고를 마쳐야 합니다.

┗ 이번 주에 진행해야 하는 일정은 다음과 같습니다.
　① 자료 수합
　② 회의 조율
　③ 최종 보고

앵커를 적용하자 내용이 분리되어 독자가 단계별로 따라가기 쉽다.

앵커 3. 표, 글상자, 강조로 시선을 사로잡기

중요한 정보는 독자가 지나치지 않도록 시각적으로 붙잡아야 한다. 표로 정리하거나 글상자 안에 넣거나 약물 혹은 문구를 강조하는 방법 등이 있다. 이러한 앵커를 잘 활용하면 핵심이 눈에 띄고, 기억에도 오래 남는다.

설문 결과에 따르면 만족도는 65%, 개선 필요 항목은 응대 속도, 설명 충실도, 후속 피드백 등입니다.

┗ 〈설문 결과 요약〉

- 전반적 만족도: 65%
- 개선 필요 항목:
  - 응대 속도
  - 설명 충실도
  - 후속 피드백
- 응답자 주요 의견
  "답변은 친절했지만, 처리 속도가 느리고 충분히 설명하지 않았다."
  "후속 조치에 대한 안내가 부족했다는 답변이 반복적으로 나타났다."

내용을 항목으로 나누어 정보구조가 한눈에 보인다. 핵심 수치를 앞세우고 설문 결과를 두 줄의 인용문으로 강조하여 내용 파악이 빠르다.

실전 사례

아래 글은 가전회사에서 스마트폰으로 보낸 안내문이다.

송××고객님, 안녕하세요. ○○스마트가전입니다.
구매하신 제품의 무상 점검 서비스 혜택을 유지하려면, 반드시 최초 설치일 기준 15일 이내에 제품 등록을 완료하셔야 합니다. 설치일은 2030년 1월 1일이며, 해당일로부터 15일 이내 등록 시에만 점검 서비스가 유효하게 적용됩니다. 만일, 해당 제품이 온라인 구매처에서 자동 등록 처리된 경우, 별도 등록 절차는 필요 없습니다. 다만, 구매 경로에 따라 자동 등록 여부가 달라지므로 반드시 확인해주시기 바랍니다. 제품 등록 절차는 다음과 같습니다. 안내된 링크에 접속하여 '제품 등록'을 선택하고, 제품 일련번호를 입력한 뒤 등록 가능 여부를 확인하고, 설치 사진 또는 구매 내역을 첨부하시면 됩니다. 등록이 완료되면 무상 점검 서비스가 자동으로 연계됩니다.
감사합니다. 오늘도 스마트한 하루 되시길 바랍니다.

구분 없이 내리쓴 안내문이라 무엇을 해야 하는지, 언제까지 해야 하는지, 주의해야 하는 사항은 무엇인지가 한눈에 보이지 않는다. 눈으로 훑고 지나치기 쉽다. 헤딩, 문구 강조의 방법으로 구조화하여 읽히고 실행되게 개선해보자.

[무상 점검 서비스 등록 안내]

송×× 고객님, 안녕하세요. ○○ 스마트가전입니다.

구매하신 제품의 무상 점검 서비스를 받으시려면,

설치일 기준 15일 이내에 제품 등록을 완료해야 합니다.

기한 내 등록하지 않으면, 서비스가 자동 종료됩니다.

- **언제까지 등록해야 하나요?**

    설치일: 2030년 1월 1일

    등록일: 설치일로부터 15일 이내 → 2030년 1월 16일까지

- **등록 방법은 어떻게 되나요?**

    ① 안내된 등록 링크 접속

    ② '제품 등록' 선택

    ③ 제품 일련번호 입력

    ④ 등록 가능 여부 확인

    ⑤ 설치 사진 또는 구매 내역 첨부

- **쇼핑몰에서 자동 등록된다고 했는데요?**

    일부 온라인 구매처에서는 자동 등록이 진행되기도 합니다.

    구매처에 따라 다르기 때문에 반드시 확인이 필요합니다.

- **등록하면 어떤 혜택이 있나요?**

무상 점검 서비스 자동 적용

정기 점검 및 출장 서비스 연계

추가 혜택 및 프로모션 우선 안내

지금 등록을 완료하시고, 무상 혜택을 꼭 챙기세요.
문의 사항이 있으시면 고객센터로 연락 부탁드립니다.
감사합니다.

본문 전체를 읽지 않아도 내용을 파악할 수 있도록 말머리를 달았다. 단순히 '제목: 내용'으로 항목을 나눌 수도 있지만, 고객의 입장에 서서 서비스 안내를 받았을 때 하게 되는 질문 형식으로 변주를 줬다. 기한, 조건, 등록 방법 등 중요 정보는 굵은 글씨와 기호를 사용해 강조하여 한눈에 내용을 알 수 있다.

이 세부 기술은 〈ISO 24495-1〉 5.2.3 지침에 일치한다.

Use information design techniques that enable readers to find information
독자가 정보를 찾을 수 있도록 하는 정보 디자인 기법을 사용하라.

구조화 네 번째 기술 N
원하는 정보를 바로 찾아주기

구조화의 세 번째 기술이 글의 전체 구조를 한눈에 보여주는 장치라면, 네 번째 기술인 내비게이션Navigation은 독자가 찾는 정보에 바로 닿게 만드는 안내 장치다. 정보량이 많을수록 독자가 바로 정보를 찾아내기 쉽게 글과 문서를 구조화해야 한다. 찾기 쉬운 글을 만드는 내비게이션 기술을 만나보자.

내비게이션 1. 중요한 정보는 눈에 띄게 배치하기

가장 중요한 정보는 항상 위쪽이나 처음, 혹은 제목 아래에 배치한다. 회의 일정, 마감기한, 담당자 이름처럼 독자가 바로 확인해야 할 정보는 눈에 띄는 위치에 우선적으로 배치해야 한다. 그래야 스크롤 하지 않고 중요한 정보를 바로 파악하게 된다. 보통 일정 안내나 공지사항이 있을 때 주로 내비게이션 기술을 쓴다.

[공지] 2030년 3분기 마케팅 총괄 회의 일정 안내
일정: 8월 7일(목) 오후 2시
장소: 경기지사 부속실
참석 대상: 국내 마케팅 유관부서
문의: 마케팅본부 팀장

회의 일정, 대상, 문의 담당자 정보가 본문의 맨 앞에 위치하여 보자마자 필요한 정보를 발견할 수 있다.

내비게이션 2. 반복·강조로 핵심 부각하기

긴 문서 혹은 필요하다면 짧은 글에도 간결하게 요약한 내용을 반복하거나, 글상자·색상·문장 강조 등의 방법으로 핵심을 두드러지게 부각한다.

7월 15일까지 등록을 완료해야 환급이 진행됩니다.
마일리지 환급을 원하시는 경우, 반드시 7월 15일 전까지 등록해야 합니다.

마감일을 맨앞에 적어 눈에 띄게 설계했다. 두 번씩이나 강조하여 독자가 이 정보를 놓치지 않게 했다.

내비게이션 3. 정보 단위별로 섹션화하기

글을 주제별로 나누되, 독자가 원하는 항목만 바로 접근할 수 있게 한다.

[FAQ] 주 4일제 관련 문의사항 top 3
① 근무시간 기록을 어디에 해야 하는가?
② 주 5일 중 아무 날이나 4일 근무하면 되는가?
③ 근무하지 않는 날, 중요한 회의가 소집된다면 어떻게 하는가?

주 4일제를 시행하고 자주 받는 질문들을 섹션으로 나누었다. 독자는 필요한 질문만 골라 바로 확인할 수 있다. 내용 전체를 읽지 않아도 질문을 통해 원하는 항목을 바로 알게 된다.

실전 사례

시민의 독서력 향상과 지역 서점 경영 활성화를 위해 J시에서는 '인증 서점 도서구매 캐시백 지원 사업'을 운영하기로 했다. 관련하여 시의 공식 홈페이지에 다음과 같은 내용이 업로드됐다.

우리 시에서는 인증받은 서점에서 도서를 구매할 경우 해당 도서비용 100%를 구매일 다음 달에 캐시백합니다. 첨부한 기획서 전문을 확인해 주시고, 널리 알려주실 것을 당부드립니다.

첨부된 파일을 열어보니 기획 의도부터 실행 조건, 지역 내 인증 서점 30곳의 상호·전화번호·위치 리스트, 그리고 캐시백 제외 조건까지 관련 내용 전체가 17쪽에 걸쳐 빼곡히 적혀 있다. 이런 식으로 쓰인 공지글은 독자가 필요한 정보만 골라 찾기 어렵다. 정보를 접하는 사람들마다 궁금한 점을 작성자에게 다시 문의하고 이러면 공지글을 올린 의미가 무색해진다. 내비게이션을 적용하여 개선해보자.

[안내] 인증서점 도서구매 캐시백 지원 사업

지원 대상

- J시 인증 서점에서 도서를 구매한 시민 누구나
- 구매일 기준: 2025년 7월 1일~12월 31일

지원 내용

- 구매 금액 100% 캐시백
- 지급 시기: 익월 10일 이내 계좌 입금

신청 방법

① 인증 서점에서 도서 구매

② 구매 영수증과 본인 계좌 정보 첨부

③ 시청 홈페이지 접속 〉 캐시백 신청 탭 선택 〉 신청서 제출

인증 서점 리스트 (30곳)

- 위치, 연락처, 서점 명은 첨부 파일 2쪽~4쪽에 정리되어 있음
- 인증 서점 현황 다운로드(링크)

주의 사항

- 중고서적, 온라인서점 구매는 제외
- 법인·단체 명의 구매 건은 제외
- 기타 제외 조건은 첨부파일 14~15쪽 참고

궁금한 점은 J시 문화정책과(032-000-0000)로 문의 바랍니다.

문서 전체를 섹션 별로 나누고, 정보 단위마다 헤딩을 붙여 바로 눈에 띈다. 독자가 가장 궁금해할 인증 서점 관련 정보를 담은 웹페이지 정보를 나란히 넣어 필요한 정보를 빠르게 찾을

수 있다. 이렇게 핵심 정보만 추려 정리한 덕분에 읽지 않아도 '찾으면 바로 보인다'.

> 이 세부 기술은 〈ISO 24495-1〉 5.2.1 지침에 일치한다.
>
> Readers should be able to quickly determine what the document is about and whether it serves their purpose.
> 독자는 문서가 무엇에 관한 것인지, 그리고 그 문서가 자신의 목적에 부합하는지 신속하게 판단할 수 있어야 한다.

5장

단번에
이해하게 써라

명확화

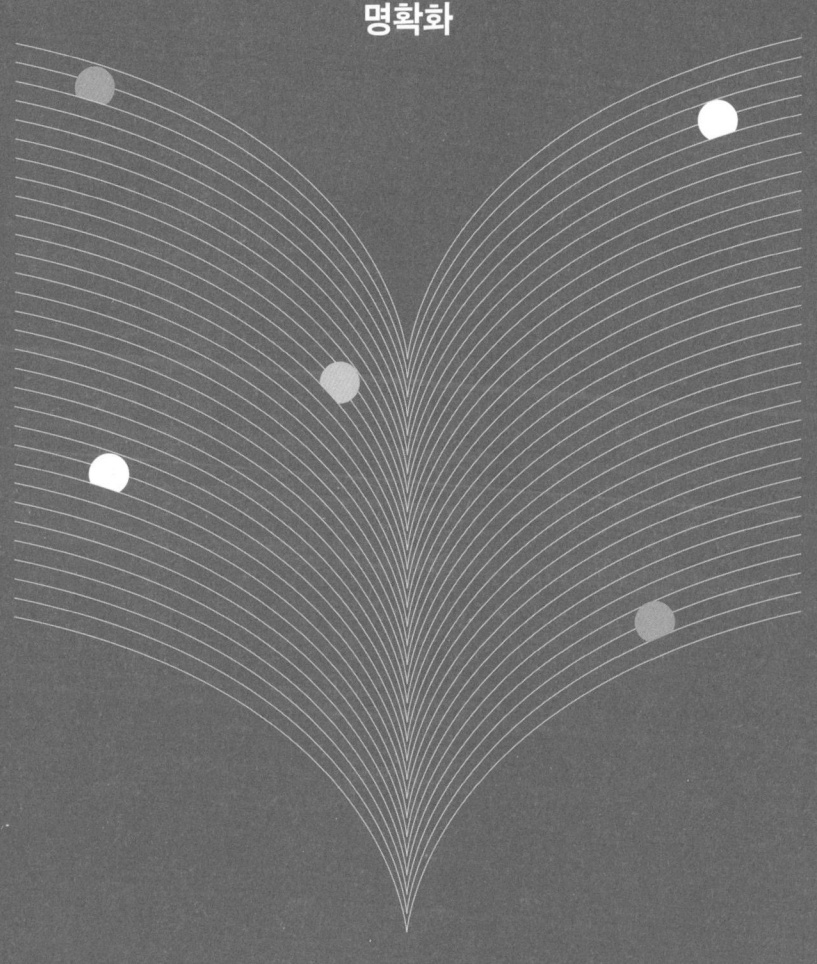

오해 없이 빠르게 쓰는 명확화 기술

직장에서 당신이 문서와 글을 보냈을 때 어떤 피드백을 받는가? 혹시 이런 피드백을 받지는 않는가? '그래서 결론이 뭔가요?', '하고 싶은 말이 뭐죠?', '요점만 말해 주세요.'

이런 질문들은 단순한 궁금증이 아니다. 당신에게 따라붙는 '불량한 의사소통력'이라는 꼬리표다. 정보성 글쓰기의 핵심은 빠르고 정확하게 소통하는 것이다. 이를 위해서는 명확하게 써야 한다. 명확하지 않은 글과 문서는 한 줄 이상 읽히지 않는다. 읽히지 않는 글은 이해도 설득도 실행도 불가능하다. 3줄로 요약한 정보, 15초 이내의 숏폼 콘텐츠가 쏟아지는 요즘이지만 핵심은 '쉽고 짧게 쓰기'가 아니다. 명확하게 오해 없이 빠르게 의도한 결과를 만드는 글쓰기다.

명확화 공식 PASS

명확화는 독자가 정보를 보자마자 쉽게 읽고 빠르게 이해하도록 단번에 전달하는 표현 기술이다. 독자가 정보를 인식하자마자 곧바로 이해할 수 있어야 한다는 뜻이다. '이해 가능성'은 단순히 이해하기 쉽게 쓴다는 것을 넘어 독자가 정보의 의미와 맥락을 정확히 파악하고 바로 이해할 수 있도록 표현하는 능력을 말한다. '명확화'는 단어를 바꾸거나 긴 문장을 나누거나 오탈자를 바로 잡거나 하는 정도의 다듬기 기술을 훨씬 넘어선다. 실행 공식 PASS(패스)는 다음 4가지 질문과 미션으로 구성된다.

Point First　　　　먼저 핵심: 핵심부터 말했는가?
　　　　　　　　　　→ **핵심부터 써라.**

Active Expression　활동적 표현: 동사 중심으로 표현했는가?
　　　　　　　　　　→ **문장이 일하게 하라.**

Sharp Wording　　 명확함: 문장이 모호하지 않은가?
　　　　　　　　　　→ **정곡을 찔러라.**

Short&Simple　　　간결함: 문장이 짧고 직관적인가?
　　　　　　　　　　→ **간결하게 써라.**

명확화 기술을 장착하면

업무 현장에서 '글'의 역할은 핵심을 빠르게 전달하여 의도한 반응을 빠르게 얻어내는 것이다. 명확화 기술의 목표는 독자가 글을 쉽고 빠르게 이해하게 만드는 것으로 미션은 간단하다. 명확하게 써야 한다. 명확하게 핵심을 먼저 말하고, 군더더기 없이 간결한 문장을 쓰면 된다. 그래야 글과 문서를 검토하고 재작업하는 시간이 대폭 줄고, 업무 속도가 빨라지며 성과는 향상된다.

> 명확화 기술은 〈ISO 24495-1〉이 제시한 글쓰기 표준 4대 원칙 중 세 번째 원칙, 이해 가능성Understandable에 해당한다.
>
> Readers can easily understand what they find.
> 독자가 찾은 정보를 쉽게 이해할 수 있어야 한다.

명확화 첫 번째 기술 P
핵심 먼저 설명은 나중에

명확화 기술의 첫 번째 기술 '핵심 먼저 말하기Point First'는 구조화에서 다룬, 문서 전체의 흐름이나 시각적 설계에 관한 것이 아니라 문장이나 단락 안에서의 규칙이다. 구조화가 글 전체의 흐름과 배치를 설계하는 작업이라면, 명확화는 문장이나 단락 안에서 '무슨 말을 하려는지'를 가장 먼저 드러내야 한다는 '핵심 → 설명'을 표현하는 방식에 관한 것이다. '결론'인 핵심을 앞세우고, 이어 이유나 설명을 덧붙이면 읽기와 이해가 동시에 일어난다. 빠른 이해를 중시하는 실무 환경에서 꼭 놓쳐서는 안 될 규칙이다.

업무 현장은 바쁘다. 글 한 줄을 읽는 데 시간을 낭비하고 싶어 하는 사람은 없다. 문서든 메일이든 메신저든, 처음 몇 줄에서 핵심이 보이지 않으면 바쁜 독자의 입장에서는 답답하다. 그래서 '요점이 뭔가요?'라는 피드백이 나오는 것이다. 업무에서의 글쓰기는 정보 전달이 목적이다. 그렇다면 독자가 가장 먼저 알고 싶어하는 것은 2가지다. '무슨 일이야?'와 '그래서 어쩌라는 거야?' 이 질문에 바로 답하는 글이 명확한 글이다. 핵심을 먼저 말하면 메시지가 드러나고, 독자는 빠르게 이해하며 곧장 행동할 수 있다.

핵심부터 말하려면

핵심부터 말하기는 문서 유형별 특성을 포착하는 것으로 시작한다. 문서마다 '핵심'이 놓이는 위치가 다르기 때문이다. 보고서는 첫 문장에서 요지를 드러내야 한다. 이메일은 제목과 첫 문장에서 목적과 요청 사항을 밝혀야 한다. 기획서는 문서 상단에 제안 내용을 한눈에 요약한 요지를 배치해야 한다. 메신저는 한 줄 제목처럼 구성한 핵심 메시지를 먼저 던져야 한다. 이렇게 '핵심 → 설명' 순서로 구성하면 독자는 앞부분만 읽고도 전체 흐름을 빠르게 파악할 수 있고, 의도한 반응을 하게 된다.

실전 사례

아래 메시지는 주 4일제 도입에 대한 마케팅본부의 의견을 보고하는 메시지다.

최근 여러 부서에서 주 4일제 도입을 두고 검토가 진행되었습니다. 마케팅본부에서도 업무 효율성과 근무 몰입도를 높이기 위해 여러 가능성을 논의하였으며, 타 부서의 시범 운영 사례와 팀별 생산성 변화 등을 종합적으로 검토하였습니다. 이 과정에서 본부 내부 의견을 수렴하고 인사본부와 협의한 결과, 현시점에서는 기존 주 5일제 체제를 유지하기로 의견이 모아졌습니다.

핵심이 문단 끝에 가서야 드러난다. 독자가 처음 몇 문장만 읽고서는 결론을 파악하기 어렵다. 전체가 하나의 단락으로 구성되어 있어 한 번에 이해하기 어렵다. 핵심부터 말하기 기술로 개선해보자.

마케팅본부는 주 4일제 전환 대신, 현행 주 5일제 근무 체제를 유지하기로 했습니다.
본부 내 의견 수렴과 타 부서 시범 운영 사례, 생산성 지표 등을 검토한 결과, 현재 운영 방식이 업무 안정성과 효율 측면에서 더 적합하다고 판단되었습니다.

'핵심 → 설명' 규칙에 따라 핵심 메시지를 앞세우고, 그다음 이유를 뒷받침했다. 첫 문장만 읽어도 결론을 파악할 수 있어, 독자의 시간을 아끼고 판단을 돕는다.

> 이 세부 기술은 〈ISO 24495-1〉 5.2.2 지침과 일치한다.
>
> Place the most important message where readers can easily find it, commonly at the beginning.
> 독자들이 쉽게 찾을 수 있도록 가장 중요한 메시지를 처음에 배치하라.

명확화 두 번째 기술 A
문장이 일하게 만들기

업무 현장은 늘 바쁘다. 그래서 업무용 글은 문장이 스스로 일하게 만들어야 한다. 문장이 일을 해야 정보가 정확히 전달되고, 빠른 실행이 가능하다. 책임과 방향이 분명해지고, 의미 전달도 명확해진다. 이를 위해 '주어 + 동사 + 목적어'라는 기본 구조를 지키고, 행위자 중심의 능동문으로 써야 한다. 그래야 '누가 무엇을 해야 하는지'가 한눈에 보인다. 이런 문장일수록 일을 잘한다.

일하는 문장은 단순히 잘 쓴 문장이 아니다. 읽은 사람이 즉시 판단하고 움직이게 만든다는 점에서 사람을 대신하여 일하고 결과를 만들어내는 일꾼이다. 문서와 메시지로 일하는 요즘 조직에서는 문장이 일을 해야 사람이 움직이며, 결과가 완성된다.

일하는 문장을 쓰려면

완성형 문장을 써야 한다. 완성형 문장은 주어와 동사에서 시작되며, 누가 무엇을 했는지에 관한 정보를 명확하게 드러낸다. 완성형 문장이어야 독자는 '무엇을, 언제, 어떻게 해야 하는지'를 단번에 파악할 수 있다. 이것이 문장이 일하게 만드는 방법이다. 원성형 문장은 다음 3가지 규칙을 지켜야 가능하다.

규칙 1. 완전한 문장을 쓴다

문장의 기본은 '주어+동사'다. 주어는 문장의 주체를 드러내고, 동사는 그 주체에 힘을 실어 행동을 유발한다. 모든 문장이 '누가 무엇을 한다'가 명확해야 한다. 그래야 책임 주체가 드러나고, 실행의 방향이 또렷해진다. 특히 실행을 요구하는 문장일수록, 주어가 빠지지 않도록 반드시 챙겨야 한다.

규칙 2. 명사형 표현은 동사형으로 쓴다

'보고 요청', '검토 진행', '확인 필요'처럼 명사로 뭉친 표현은 실행을 방해한다. 누가 무엇을 어떻게 하라는 것인지 모호하다. 동사형 표현은 문장을 살아 움직이게 한다. 동사는 행동을 만들고, 읽는 사람의 판단과 반응을 끌어낸다.

규칙 3. 수동 표현은 능동 표현으로 쓴다

'~에 의해', '~되다' 같은 수동 표현을 피한다. 수동 표현은 주체가 흐릿하여 의미 전달이 명확하지 않고 책임을 회피하게 만드는 원인이 된다. 누가 무슨 행동을 했는지를 보여주는 능동형 문장으로 바꿔야 한다.

완성형 문장은 검색엔진을 대체하는 AI 추천의 시대에 요구되는 필수 조건이기도 하다. AI는 주어와 동사가 분명한 문장만 인식하고, 그런 문장만 답변에 인용하거나 추천한다. 핵심 동사가 빠지고 주어가 생략된 문장은 사람에게도, AI에게도 외면받는다.

3가지 규칙 중에서도 '능동형으로 쓴다'는 세계 표준인 〈ISO 24495-1〉뿐만 아니라 미국의 군 조직에서도 일관되게 강조하는 원칙이다. '글쓰기가 전투 기술'이라는 미군의 공식 문서 지침 〈AR 25-50(Preparing and Managing Correspondence)〉에서도 '능동태로 글쓰기Active voice writing'라는 항목이 있으며, 특히 문장의 행위자를 밝힐 것을 강조한다. 이렇게 써야 누가 무엇에 책임이 있는지가 분명해지기 때문이다.

이처럼 전 세계가 능동형 문장 쓰기를 중요하게 여기는 이유는, 글이 단순한 전달 수단을 넘어 '행동을 설계하는 도구'라는 데에 있다. 모호한 문장 하나가 혼선과 오해를 낳을 수 있기에, 모든 장교를 대상으로 보고서와 명령서를 능동형으로 작성하도록 훈련시켜온 것이다. 능동문 쓰기는 행위의 주체를 분명히 하고 책임을 명확히하며 행동을 즉시 촉발하는 일하는 문장의 기본이다.

실전 사례

전년도 예산이 계획대로 쓰였나 점검하는 기간. 총회에서는 자료 제출을 촉구하며 아래와 같은 문자 메시지를 보냈다.

예산사용 결산, 자료제출 기한 넘기면 불이익이 발생합니다.

문자 메시지 특성상 짧게 써야 하는 것은 맞다. 하지만 짧게 쓰느라 메시지가 전달되지 않으면 짧게 쓸 이유가 없다. 이 문장은 짧기만 할 뿐 행위 주체가 누구인지 모르겠고 어떤 불이익을 받는지, 어떤 조치가 어떻게 이뤄지는지 불분명하다. 힐끔 보고 금방 까먹기 딱 좋을 만큼의 성의 없는 표현이다. 문장이 제 스스로 일하게 되도록 표현을 바꿔보자.

예산 결산자료 제출 기한을 넘기면, 예산팀에서 내년 예산을 동결합니다.

'누가', '언제', '무엇을 한다'가 한눈에 드러난다. 독자는 무엇을 해야 할지 단번에 알고 망설이지 않는다.

〈ISO 24495-1〉 5.3.3 지침의 다음 내용과 일치한다.

Use the active voice whenever possible unless there is a specific reason to use the passive.
가능한 능동태를 사용하되, 특별한 이유가 없는 한 수동태 사용은 피하라.

명확화 세 번째 기술 S
정곡을 찌르기

문해력 논란은 대부분 명확하게 표현되지 않아서 발생한다. 한때 수학여행 가정통신문에 '중식 제공'이라는 글을 본 학부모가 '우리 아이에게 중식이 아닌 한식을 제공해달라'고 요구해 문해력 논란이 있었다. '중식 제공'이라는 표현이 점심 식사를 뜻하는지, 중국 음식을 뜻하는지 헷갈리게 만든다면 그것은 독자의 문해력 문제가 아니라 글쓴이의 잘못이다. 독자의 수준이 어떻든, 누구나 쉽게 읽고 빠르게 이해할 수 있게 쓰는 것이 세계 표준 글쓰기의 기본이다. 그런데도 직장인들은 명확하게 쓰는 대신, 소통 실패를 독자의 문해력 탓으로 돌린다. 이것이야말로 무책임한 글쓰기다. 업무용 글쓰기는 명확하게, 정확하게 써야 한다. 말뜻을 흐리지 말고, 정곡을 찔러야 한다.

정곡을 찌르는 글을 쓰려면

읽자마자 이해되고, 곧바로 실행하게 만드는 글이 바로 정곡을 찌르는 글이다. 오해 없이 빠르게 전달되는 글에는 3가지 기술이 필요하다.

첫째, 모호한 표현을 제거하라

'가급적', '빠른 시일 내', '가능한 방향으로'와 같은 모호한 표현은 해석하기에 따라 결과가 달라진다. 특히 '빠르게' 같은 표현은 독자마다 다르게 이해할 가능성이 높고 실행 결과도 의도에서 빗나갈 수 있다.

"회의 일시는 가급적 빨리 알려주세요" 대신 "회의 시간은 3일 목요일 17시까지 확정해 알려주세요"라고 단호하게 표현해야 한다.

둘째, 구체적인 행동 단어를 사용하라

'지속 가능한 혁신', '기대 효과 증대', '시너지 강화' 같은 단어는 추상적인 관념어다. 있어 보일지는 몰라도 아무 행동도 이끌지 못한다.

고객 만족도 제고와 기대 효과 극대화를 위한 마케팅 전략을 추진하겠습니다.

제고, 극대화, 전략 같은 말들은 거창하기만 할 뿐 언제, 무엇을 하겠다는 것인지 알 수 없다. 이런 표현을 하는 사람도 스스로 뭘 해야 할지 모르는 경우가 많다. 그러니 보고만 하고 아무 일도 일어나지 않는다.

3개월 내에 고객 재구매율 10% 상승을 목표로 신규 캠페인을 기획하겠습니다.

언제까지, 무엇을, 어떻게 하겠다는지 한눈에 보인다. 상사든, 부하직원이든 누가 읽어도 바로 이해하고, 움직일 수 있다.

셋째, 판단 기준과 조건을 분명히 밝혀라

독자에게 선택지를 줄 때는 기준과 조건을 명확히 밝혀야 한다. "회신이 없으면 진행하겠습니다"라는 문장은 "금요일 오후 4시까지 회신이 없으면 기본안대로 실행하겠습니다"로 바꿔야 명확하게 전달된다. 판단 기준과 조건이 분명히 제시되기 때문이다.

실전 사례

7월에 들어서기 무섭게, 상반기 업무에 대한 중간 점검 안내문이 사내 게시판에 업로드된다.

상반기 업무 중간 점검 시기입니다. 각 팀에서는 팀원들의 업무 성과와 기여도를 종합적으로 고려하여 검토, 지속 가능한 성과관리를 위해 필요한 대응을 고민해주시기 바랍니다. 누락 시 연말 평가 반영에 제한이 있을 수 있습니다. 각 부서에서 확인 후 협조 부탁드립니다.

'검토', '고민'처럼 모호한 요청은 팀장의 행동을 유도하지 못하고 자칫 잘못된 방향으로 처리할 수 있다. '지속 가능한 성과관리' 같은 말은 기준과 조건 없이 공허하게 들린다. 중간 점검 리포트를 언제, 어떤 방식으로 제출해야 하는지도 알 수 없다. 정곡을 찌르는 명확화 기술 3가지를 모두 적용하여 개선해보자.

각 팀은 7월 14일(금)까지 팀원별 상반기 성과 중간 점검 리포트를 작성해 주세요.
중간 점검 항목은 개인별 주요 성과(정량/정성), 업무 기여도, 개선 과제입니다. 여기에 리더의 피드백 의견까지 덧붙여주시길 바랍니다.

중간 점검 리포트를 제출하지 않으면 해당 팀원의 연말 평가에 성과 근거가 반영되지 않아 평가 점수가 하락할 수 있습니다.
리포트 양식은 첨부 파일을 확인해주세요.
작성을 완료한 리포트는 부서 공용 폴더에 업로드해 주세요.

'검토', '고민' 같은 모호한 표현을 제거하고, 무엇을 작성하라, 덧붙여라 같은 행동을 유도하는 동사로 바꾸었다. '지속 가능한 성과관리' 같은 추상어 대신 구체적인 항목과 양식 지침을 제시했다. 언제까지, 무엇을, 어떻게 제출해야 하는지 기한·방법·조건을 명확히 밝혔다. 이렇게 정곡을 찌르는 문장은 독자가 읽는 순간 바로 행동으로 옮길 수 있다.

이 세부 기술은 〈ISO 24495-1〉 5.3.2 지침과 일치한다.

Select words that prompt a mental image for readers.
EXAMPLE 2 Instead of just telling readers to be "kind", making concrete suggestions such as "let someone go in front of you in line".
독자가 머릿속에 바로 그려볼 수 있는(심상을 떠올리게 하는) 단어를 선택하라.
예 2 독자에게 단지 "친절하라"고만 말하기보다, "줄서기에서 다른 사람을 먼저 가게 하라"처럼 구체적으로 제안하라.

명확화 네 번째 기술 S
간결하게 쓰기

명확화를 위해 무조건 짧게 쓰는 것이 정답은 아니라고 했지만, 간과해서도 안 되는 것이 바로 '간결하게 쓰기Short&Simple'다. 읽기 전략 중에서 글이나 내용을 빠르게 훑어서 전체적인 주제와 핵심 아이디어를 파악하는 스키밍Skimming이라는 방식이 있다. 스키밍은 주로 기사, 신문, 긴 에세이, 수능 지문 등에서 유용하지만 디지털 시대에는 거의 모든 사람이 습관처럼 스키밍으로 글을 읽는다. 이런 독자에게 읽히려면 단 8초, 독자의 주의력이 흩어지기 전에 핵심이 파악되어야 한다. 그러니 우선 간결하게 써라.

간결하게 쓰려면

간결함은 '핵심'을 빠르게 전달한다는 전제에서만 유효하다. 핵심이 불분명한 상태에서 짧게 쓰면, 오히려 오해만 생긴다. 먼저 '정곡을 찌르는 문장'을 만들고 나서, 그 문장을 읽기 쉽고 이해하기 빠르게 다듬는 것이 '간결하게 쓰기'다.

문장을 간결하게 쓰려면 2가지 작업이 필요하다. 하나는 말하고자 하는 바를 분명하게 하는 것(명확하게 쓰기), 다른 하나는 쓸데없는 말을 제거하는 것(핵심에 집중하기)이다. 의미를 더욱 분명하게 하려면 문장을 단순하고 직접적으로 써야 한다. '누가, 무엇을, 왜, 어떻게'를 중심으로 쓰면 오해 없는 간결한 표현이 가능하다. 불필요한 것을 걷어내기가 어렵다면 우선 단어나 표현을 삭제해보자. 삭제한 후에도 의미 전달에 문제가 없다면 대부분 필요 없는 말이다.

핵심에 집중하고 불필요한 것을 걷어낸 글은 간결하다. 간결한 글은 짧다. 문장을 쓴 다음 40자 전후로 줄이는 연습을 하면 간결하게 쓰는 습관이 가능하다.

실전 사례

아래는 회의 시간 조정에 대한 안내문이다.

회의 참석 인원이 일부 조정될 예정이고, 팀장님 일정도 변경되었으며, 신규 안건 추가 요청도 있어 회의 시간을 조정하려 합니다. 따라서 기존 수요일 오전 회의는 금요일 오후로 변경합니다. 다들 시간 확인 부탁드립니다.

회의 시간을 조정해야 하는 상황을 설명하느라 문장이 길다. 그런 만큼 '바뀐 일정 안내'라는 핵심이 묻혔다. 일정이 왜 바뀌는지, 이유는 무엇인지 명확하지 않다. '다들 시간 확인 부탁드립니다'와 같은 말은 불필요하다.

회의 일정이 금요일 오후 2시로 변경되었습니다.
팀장님의 일정 변경과 안건 추가에 따른 조정입니다.
불참자는 수요일 오전까지 이메일로 알려주세요.

핵심인 변경된 회의 시간을 먼저 말한 뒤에 이유를 설명했다. 독자가 알고 싶어할 내용이 모두 제시되어 있고, 이어서 독자가 해야 할 행동(일정 확인, 불참 시 회신)을 명확히 제시했다. 시간 정보도 구체적으로 제시('금요일 오후 2시')하여 더 궁금한 것이 없다.

이 세부 기술은 〈ISO 24495-1〉 5.3.4 지침과 일치한다. 문장은 짧고 명확하며 하나의 생각만 담으라는 원칙을 제시하며 다음과 같이 구체적으로 설명한다.

To write concise sentences, authors should do the following:
a) Include only one idea in each sentence.
b) Leave out redundant words, vague modifiers, clichés and other constructions that add little meaning but cost readers time and attention.
c) Keep sentences reasonably short but vary sentence length to give the document a good rhythm

간결한 문장을 쓰기 위해 작성자는 다음을 따라야 한다:
a) 한 문장에는 한 가지 생각만 담는다.
b) 불필요한 단어, 모호한 수식어, 상투적 표현 등 의미를 더하지 않는 요소는 제거하라.
c) 문장은 적당히 짧게 쓰되, 길이를 조절해 리듬감을 유지하라.

6장

곧바로 행동하게 써라

실행화

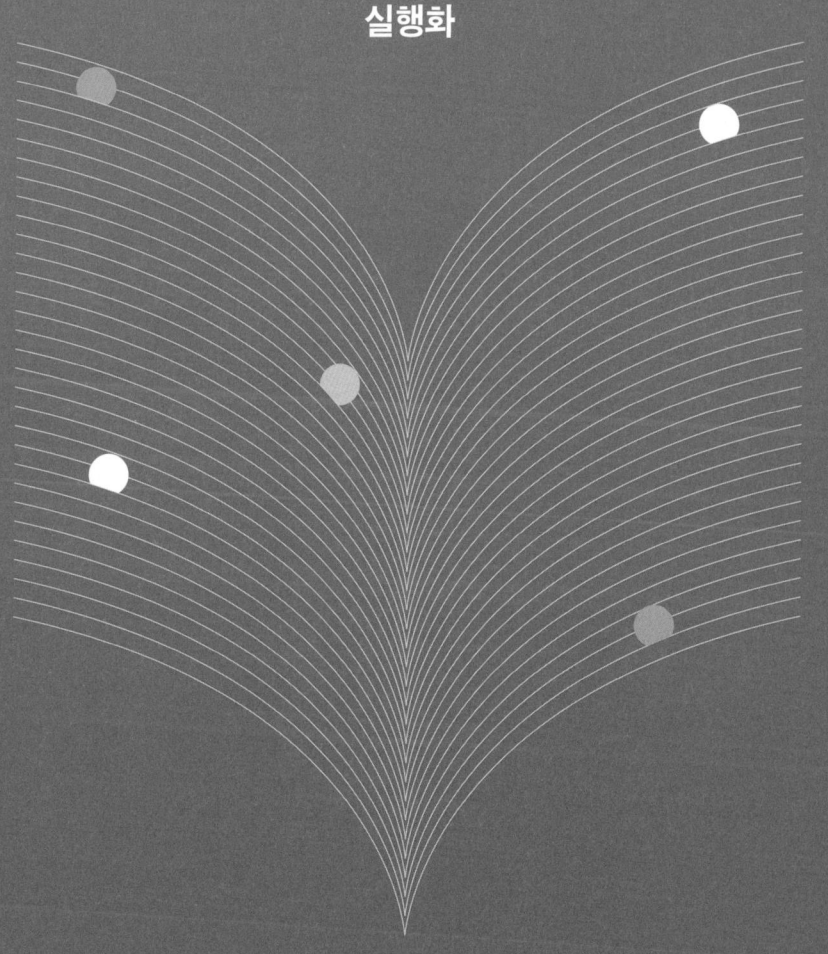

읽는 순간 행동하게 만드는 실행화 기술

업무 글쓰기는 독자에게서 의도한 행동을 끌어내는 것으로 완성된다. 따라서 행동 지향적이고 명확한 지시를 담아야 한다. 글과 문서가 아무리 명확하고 표현이 매끄러워도 독자가 글을 읽고 행동하지 않으면 아무런 의미가 없다. 직장에서 실행되지 않는 글을 쓰면, 일이 더뎌진다. 내용을 되묻고, 다시 요청하고, 설명을 반복하느라 생산성은 떨어지고 비용 손실이 누적된다. 이런 위험을 예방하는 것이 실행화 기술이다. 실행화는 독자가 글을 읽고, 바로 이해하고, 그대로 행동에 옮길 수 있게 내용과 구조와 흐름을 최종 점검하고 완성하는 작업이다. 이 과정을 거쳐야만, 글은 비로소 '성과를 만드는 도구'가 된다.

실행화 공식 DONE

글쓰기 코드 기술을 구성하는 맞춤화, 구조화, 명확화의 핵심 기술은 실행화 기술로 완전해진다. 실행화 공식 DONE(던)은 다음 4가지 질문과 미션으로 구성된다. 이는 최종 점검루틴이다.

Delete Blockers　　방해 제거: 실행을 방해하는 요소는 없는가?
　　　　　　　　　　→ **실행을 방해하는 요소를 제거하라.**

Optimize Clarity　　명료한 정리: 표현이 흐릿하지 않은가?
　　　　　　　　　　→ **유리창을 닦듯 선명하게 써라.**

Notice & Refine　　피드백 반영: 독자의 피드백을 반영했는가?
　　　　　　　　　　→ **피드백을 반영해 정돈하라.**

Execute & Release　최종 실행: 바로 실행할 수 있는가?
　　　　　　　　　　→ **최종 점검 후 배포하라.**

실행화 기본기를 장착하면

실행화를 거친 글과 문서는 비상구의 화살표와 같다. 읽는 순간 독자를 행동하게 만든다. 보고서에는 실행 조건이 명확히 제시되고, 업무용 메신저 메시지는 되묻지 않아도 실행이 가능하다. 실행까지 설계된 글쓰기는 조직의 생산성과 성과를 결정 짓는다.

실행 중심 글쓰기의 PDCA 사이클

일 잘하는 조직이나 개인은 계획하고, 실행하고, 점검하고, 다시 조정하는 PDCA(피디씨에이) 사이클을 모든 업무에 반영한다. PDCA(피디씨에이) 사이클이란 삼성, 도요타, 소프트뱅크가 적용하는 관리 기법으로 국제표준화기구ISO에도 반영되어 있다. 총 4단계로 구성되어 있다.

Plan   기획하기: 전달 목표와 독자의 예상 행동을 먼저 설계한다.
Do   실행하기: 설계한 대로 초안을 작성한다.
Check   점검하기: 독자가 실행 가능한지 초안을 읽으면서 고친다.
Act   완성하기: 내용 흐름을 정리하고 부족한 부분을 고쳐 완성한다.

일 잘하는 사람은 글을 쓸 때도 PDCA(피디씨에이) 사이클을 습관처럼 살펴본다. 한 번에 완성되는 문서는 없다. 읽기 쉬운 글, 실행이 빠른 글일수록 몇 차례 되짚고 고쳐 완성된다. 단, 독자의 입장에 서서 점검하고 개선해야 한다. 글 잘 쓰는 사람, 일머리 좋은 사람으로 인정받으려면 글과 문서에도 PDCA(피디씨에이) 사이클을 적용하라. 글쓰기를 계획하고 쓰는 과정만큼이나 점검하고 다듬기 또한 중요하다. 의도한 성과를 만드는 글쓰기의 필수 작업이다.

이 세부 기술에 대해 〈ISO 24495-1〉은 5.4.1 지침에서 이렇게 명시한다.

If authors have followed the guidelines in 5.1. 5.2 and 5.3. it is likely that their readers can use the document. But how can authors be certain? This principle focuses on evaluation so that authors can ensure that readers can use the document.
작성자가 5.1, 5.2, 5.3의 지침을 따랐다면, 독자가 해당 문서를 활용할 수 있을 가능성이 높다. 하지만 작성자는 어떻게 확신할 수 있을까? 이 원칙은 작성자가 독자가 문서를 실제로 활용할 수 있는지 확인할 수 있도록 평가에 초점을 맞춘다.

실행화 첫 번째 기술 D
방해 요소를 제거하기

방해 제거 기술은 글과 문서가 단순히 잘 읽히는지가 아니라 독자가 쉽게 정보를 활용하고, 실행까지 이어지는 데 방해하는 요소가 없는지에 집중하여 점검하고 걸림돌이 될 만한 요소를 제거하라는 의미다.

방해 요소를 제거하려면

당신의 글이 일하게 하려면 글과 문서의 가독성이나 명료성만으로는 부족하다. 실행을 방해하는 요소를 찾아 제거해야 한다. 그 결과 '이 글을 보고 바로 실행할 수 있는가?', '누구든 실행 가능한가?'라는 질문에 '그렇다'고 답할 수 있어야 한다. 독자가 되묻지 않아도 내용대로 실행하는데 방해되지 않게 쓰였는가를 점검하는데 육하원칙(누가, 언제, 어디서, 무엇을, 어떻게, 왜)만 한 것이 없다.

누가 Who　　실행 주체가 명확한가? 어느 부서, 어떤 직무 담당자가 해야 하는지 지정했는가?

언제 When　　기한이 날짜와 시간 단위로 명시되어 있는가?

어디서 Where　　실행 결과를 제출해야 할 장소를 특정했는가?

무엇을 What　　수행해야 할 작업이 구체적인가? 결과물 형태와 적용 범위가 분명히 정의되어 있는가?

어떻게 How　　실행 절차는 누구나 따라 할 수 있도록 정리되어 있는가? 양식, 예시, 실행 요청 문장까지 포함했는가?

왜 Why　　왜 해야 하는지, 실행 배경이나 이유가 전달되는가?

실전 사례

대기업 P사의 IT 부서는 사내 모든 디지털 기기의 보안 설정을 업데이트해야 하는 상황에서 다음과 같은 공지를 이메일로 전 직원에게 보냈다.

[보안설정 변경 안내]

사내망 보안 강화를 위해 사용자 여러분의 기기 설정을 변경해 주시기 바랍니다.

자세한 절차는 인트라넷 공지를 참고해 주세요.

변경 기한: 5월 20일(월) 오전 8시까지

※ 미이행 시 내부망 접속이 제한될 수 있습니다.

표면적으로는 필요한 정보가 다 들어 있다. 그러나 의도한 실행이 일어나기에는 미흡하다. 육하원칙으로 점검해보자.

누가Who, 실행 주체가 명확한가? '사용자 여러분'이라는 표현은 모호하다. 전 직원 모두인지, 특정 부서나 직급만 해당되는지 판단할 수 없다. 'IT 부서를 제외한 전 직원' 또는 'PC 사용자가 있는 부서 전체' 등으로 명확히 밝혀야 한다.

언제When, 기한이 구체적인가? '5월 20일 오전 8시까지'라는 기한은 명시돼 있지만, 독자가 주목할 만한 행동 유도 장치가 없다. '5월 20일 오전 8시까지 완료하지 않으면 자동으로 내부망이 차단됩니다'처럼 후속 조치를 구체화해 긴박감을 전달해야 한다.

어디서Where, 실행 결과를 제출할 위치가 명확한가? 실행을 완료한 후 어디에 결과를 남겨야 하는지, 별도 보고가 필요한지 여부가 없다. '완료 후 체크리스트를 IT지원팀 공유 폴더에 업로드' 또는 '추가 문의는 help@메일' 등 후속 행동 위치를 지정해야 한다.

무엇을What, 해야 할 작업이 구체적인가? '기기 설정 변경'이라는 표현만 있고, 어떤 설정을 어떻게 바꾸라는 건지 모호하다. '인터넷 옵션에서 TLS 1.2 활성화'처럼 수행 작업의 구체적인 형태를 명시해야 한다.

어떻게How, 절차가 구체적인가? '인트라넷 공지를 참고'하라는 말만 있을 뿐, 구체적 링크도 없고 해당 공지가 어디에 있는지도 알 수 없다. '인트라넷 > 공지사항 > 보안설정 가이드(5월 10일 게시)' 또는 직접 링크 삽입이 필요하다.

왜Why: 실행 이유가 전달되는가? '사내망 보안 강화를 위해'라고 짧게 언급되긴 했지만, 구체적 위협 수준이나 필요성이 피부에 와닿지 않는다. '최근 발생한 보안 사고를 방지하기 위해'와 같이 현재 맥락과 연결해 설득력 있게 제시해야 한다.

독자가 "그래서 지금 뭘 해야 하지?"라는 망설임이 생기지 않게 하려면 육하원칙 점검의 핵심이다. 이제 이 점검 결과를 기반으로 실행을 방해하는 요소를 제거한 이메일은 이렇다.

[보안 설정 변경 안내 – 전 직원 대상]

최근 외부 접속 시도 증가로 인해, 사내망 보안 설정을 강화합니다. PC 사용이 가능한 전 직원은 아래 절차에 따라 12월 20일(월) 오전 8시까지 보안 설정을 완료해주시기 바랍니다.

① 인트라넷 접속 > 공지사항 > [보안설정 가이드(5월 10일자)] 클릭
② '사내 기기 보안 설정 따라하기' 매뉴얼 다운로드
③ 안내된 순서에 따라 설정 변경
④ '보안 설정 완료 체크리스트'를 IT 지원팀 공유폴더에 업로드
※ 기한 내 미완료 시 12월 20일 오전 9시부터 접속이 차단됩니다.
※ 문의: IT 지원팀(내선 1234)

실행 주체Who를 'PC 사용이 가능한 전 직원'으로 명확히 지정했다. 실행 이유Why를 '외부 접속 시도 증가로 인한 보안 강화 필요'로 구체화했다. 실행 작업What은 '보안 설정 변경'이라는 행위를 절차와 결과물(체크리스트 업로드)까지 포함해 구체적으로 제시했다.

실행 방법How은 누구나 따라 할 수 있도록 순서와 문서명을

명확히 안내하고, 인트라넷 경로도 구체적으로 명시했다. 기한 When은 날짜·시간을 제시하고, 미이행 시 내부망 차단이라는 실질적 후속 조치를 함께 명시해 행동을 유도했다. 결과 제출 위치Where는 'IT 지원팀 공유 폴더'로 정확히 지정해, 독자의 다음 행동 경로를 분명히 했다.

글을 쓰고 난 뒤 육하원칙으로 실행 흐름을 점검하는 습관이 자리 잡히면 읽는 사람은 되묻지 않고, 쓰는 사람은 다시 설명하지 않아도 된다.

이 세부 기술은 〈ISO 24495-1〉 5.4.2 지침과 일치한다.

Evaluate the document continually as it is developed
문서가 작성되는 과정에서 지속적으로 평가하라.

실행화 두 번째 기술 ❷
유리창을 닦듯 선명하게 정리하기

어떤 글은 읽을수록 몽롱해진다. 무슨 말을 하려는지 어렴풋이 알 것 같기도 한데, 그렇다고 무엇을 어쩌라는 것인지는 확인되지 않는 글이다. 뿌연 유리창을 보는 기분이다. 이때 필요한 것이 실행화 두 번째 기술인 '명료한 정리'다. 유리창을 닦아내듯 선명하게 정리하는 기술이다. 유리창을 닦듯 글을 정리하는 3가지 방법이 있다.

첫째, 중복을 제거하라

같은 말을 다른 표현으로 반복하거나, 같은 정보를 두 번 이상 쓰면 의미가 흐려진다. 독자가 핵심을 놓친다. 중복을 제거해야 한다.

둘째, 순서를 바로잡아라

독자는 배경보다 핵심을, 과정보다 결과를 먼저 알기를 원한다. 그런데도 많은 글은 핵심보다 부연 설명이 앞서고, 결과보다 배경과 전제가 먼저 나온다. 독자의 관심과 동떨어지는 순서로 쓰면 독자는 읽기에 흥미를 잃는다. 정보의 배열 순서만 바로잡아도, 선명하게 읽힌다.

셋째, 불필요한 요소를 덜어내라

의미 없는 연결어, 관성적 인사말, 형식적 마무리는 글을 모호하게 만든다. 이런 불필요한 요소를 과감하게 덜어내고 핵심을 두드러지게 만든다.

실전 사례

아파트 엘리베이터에 공지글이 부착되어 있다.

최근 우리 사옥 내 편의시설의 출입 관리 방식이 일부 변경되었으므로 골프장 및 헬스장 이용과 관련해 출입 절차를 준수해 주시길 바랍니다. 임직원 여러분께서는 관리팀에 들러 지문 등록과 임직원 전용 카드키

확인을 한 번 더 진행해 주시길 바라며, 잠금장치 시행 일정에 따라 이용 불가 상황이 발생하지 않도록 협조 부탁드립니다.
아울러 9월 3일(월)부터는 통제가 시작되오니 참고 바랍니다. 감사합니다.

이 공지가 엘리베이터에 붙여져 있다면 저층인 사람들은 공지글을 다 읽기 전에 엘리베이터에서 내려야 할 것이다. '출입 절차 준수', '지문 등록과 카드 확인', '이용 불가 상황 발생 방지' 등 중복되는 표현들이 여러 문장에 흩어져 있어 메시지가 겹치고 묻힌다. 출입 통제 일정처럼 중요한 정보는 맨 마지막에 배치되어, 독자의 실행을 방해한다. 실행 방법도 '관리사무소 방문'이라고만 할 뿐, 필요한 준비물이나 절차는 생략되어 있다. 전체적으로 중복, 순서 혼선, 불필요한 말이 섞여 있어 실행 흐름을 흐리게 만든다. 유리창을 닦듯 정리해보자.

[골프장·헬스장 출입 등록 변경 안내]
9월 3일(수)부터 아파트 내 골프장 및 헬스장 출입 방법이 지문인식으로 바뀝니다.
계속 이용을 원하시는 분은 9월 1일(월)까지 관리사무소를 방문해 지문 등록 및 주민 전용 카드키를 재등록해 주시길 바랍니다.

등록되지 않은 경우, 출입이 제한됩니다.

중복을 제거하고 표현을 압축했다. 같은 의미를 반복하는 문장을 정리해, 핵심 요청이 명확히 드러났다. 가장 중요한 정보(시행일)를 맨 앞에 배치해 독자의 주의를 끌고, 실행 대상과 방법, 마감 기한 순으로 정보를 배열했다. 불필요한 표현을 과감히 덜어냈다. 독자가 실제로 할 일과 그 이유만 남겼다.

이 세부 기술과 관련해 〈ISO 24495-1〉은 5.3.5 지침에서 이렇게 명시한다.

Write clear and concise paragraphs.
To make paragraphs clear and concise, authors should do the following:
a) Limit paragraphs to one topic.
b) State the topic near the beginning of the paragraph.
c) Make connections among and within paragraphs clear [see also 5.2.2 and 5.2.3 a)].

명확하고 간결한 문단 쓰기.
문단을 명확하고 간결하게 만들기 위해 작성자는 다음을 수행해야 한다.
a) 하나의 문단에는 하나의 주제만 다룬다.
b) 문단의 서두 근처에서 주제를 명시한다.
c) 문단 간, 문단 내부의 연결 관계를 명확히 한다.

실행화 세 번째 기술 N
피드백을 반영해 정돈하기

문서 커뮤니케이션을 중시하는 아마존은 '식스 페이저'를 통해 회의하고 의사결정을 내린다. 회의 시작 전에 참가자들이 이 '식스 페이저'를 모두가 조용히 읽는다. 자료가 명확하면 질문은 없다. 질문이 없으면 회의는 끝난다. 자료를 제출한 실무진은 그 내용 그대로 실행하면 된다.

이처럼, 잘 쓰인 글은 쓰는 즉시 실행된다. 반면 어떤 문서는 질문이 폭주한다. "이 내용 논리가 좀 이상한데요?", "누가 담당하고 진행하나요?", "평가 기준은 뭔가요?"

이런 질문이 쏟아진다면 그 문서는 실패한 것이다. 실행될 리 없다. 이런 결과를 피하려면 글을 쓴 후 동료에게 보여주고, 반응을 살펴야 한다. 내용이 쉽고 빠르게 이해가 되는지 잘 모르겠는 부분이 있는지 등을 물어야 한다. 글을 보여주고 피드백을 받아 이를 반영하여 보완하면 문서는 반드시 실행된다.

피드백을 반영하려면

피드백은 지적이 아니다. 글과 문서가 의도한 대로 실행될 수 있는지를 점검하는 실험이다. 다음과 같은 질문을 던지며 독자의 반응을 점검한다. 어떤 부분을 모르겠는가? 내용 관련 무엇이 더 궁금한가?

실전 사례

한 제조기업의 관리팀은 전 직원 대상 설비 점검 일정을 공지했다.

[설비 점검 일정 안내]
전사 설비 점검을 아래와 같이 안내드립니다.
기한 내 확인 및 회신 부탁드립니다.

- 점검 기간: 6월 17일~21일

- 대상 부서: 전 부서

- 회신 방법: 인트라넷 서식 활용

- 관련 문의: 관리팀

세부 사항은 부서별 담당자에게 별도 전달 예정입니다.

문서에는 빠진 정보가 없어 보인다. 하지만 한 번 더 들여다보면, '전 부서'라는 표현은 모호하고, '인트라넷 서식'은 어디 있는지 알 수 없다. '세부 사항 별도 전달'이라고 하니, 다음 공지가 또 있다는 건지 의문이 생긴다. 결국 관리팀은 같은 내용을 다시 공지해야 했다. 재공지를 앞두고 해당 직원들을 대상으로 피드백을 수집해보니 이런 반응이 나왔다.

'대상이 우리 부서가 맞나요?'
'양식은 어디서 받는 거죠?'
'왜 우리 부서만 기한이 다르죠?'

관리팀은 이 피드백을 바탕으로 공지문을 전면 개선했다.

[설비 점검 일정 안내 – 부서별 안내 포함]

점검 대상 부서

– 생산1팀 / 생산2팀 / 설비관리팀 / 품질보증팀

점검 일정

– 부서별 일정표 참조 (첨부파일 '점검일정_부서별.pdf')

– 해당일 오전 9시까지 설비 상태 점검표 회신

실행 절차

① 인트라넷 〉 업무서식 〉 '설비 점검표' 다운로드

② 작성 후 전자결재 제출 (결재선: 부서별 팀장 – 관리 팀장)

③ 관리팀으로 완료 이메일 발송

추가 안내

– 각 팀별 담당자는 오늘 중 별도 이메일 수령 예정

– 문의: 관리팀 Y 주임 (내선 248)

현장의 피드백(대상 모호성, 양식 안내 누락, 일정 불일치 등)을 반영해 정보의 구조를 다시 설계한 것이다. 독자가 바로 이해하고 행동할 수 있도록 대상, 일정, 절차 등을 나누어 정리했다. 결과는? 곧바로 실행이다.

이 세부 기술과 관련해 〈ISO 24495-1〉은 5.4.3 지침에서 이렇게 권고한다.

Evaluate the document further with readers.
The only way to know how readers will react to the document is to involve them, even if only on a small scale.
Evaluating with intended readers adds their perspective about the document.
To decide whether to involve readers, authors should consider the following factors:
a) time and resources available;
b) complexity of the document;
c) the number of readers and their characteristics;
d) the seriousness of the consequences if readers cannot use the document (these can be consequences for the readers or for authors).

독자와 함께 문서를 추가로 평가하라.
독자가 문서에 어떻게 반응할지를 아는 유일한 방법은, 규모가 작더라도 그들을 실제로 참여시키는 것이다. 의도된 독자와 함께 문서를 평가하면, 그들의 시각이 반영되어 문서의 완성도를 높일 수 있다.
독자 참여 여부를 결정할 때는 다음 요소를 고려해야 한다:
a) 사용할 수 있는 시간과 자원.
b) 문서의 복잡성.
c) 독자의 수와 특성.
d) 독자가 문서를 제대로 사용할 수 없을 때 발생할 결과의 심각성(이 결과는 독자 자신에게나 작성자에게 모두 영향을 미칠 수 있다).

실행화 네 번째 기술 E
최종 점검 후 공유하기

읽기 쉬운 글은 쓰기 어렵다. 독자 입장에서 고쳐쓰기를 거듭하고, 막판까지 점검과 수정을 반복해야 하기 때문이다. 반대로 읽기 어려운 글은 쓰기 쉽다. 글쓴이의 입장에서 쓰는 데만 몰두하고, 독자 관점에서의 점검이나 수정은 하지 않기 때문이다. 문서에 아무리 공을 들여도 날짜가 틀리거나, 링크가 깨지거나, 첨부파일이 없거나, 대상이 빠졌다면 실행될 리 없다. 글쓴이의 신뢰까지 떨어진다.

글과 문서에 담은 대로 독자가 실행하게 하려면 단순한 '내용 점검'을 넘어 '지금 바로 실행 가능한가'를 기준으로 끝까지 체크해야 한다. 최종 점검은 '글쓰기의 마침표'가 아니다. '의도한 행동을 유발하는 장치'다.

최종 점검을 제대로 하려면

최종 점검은 단순한 오류 검토가 아니다. 날짜, 링크, 대상, 문서 버전, 전달 경로 같은 요소 중 하나라도 잘못되면 실행은 없다. 특히 반복적으로 사용하는 문서일수록 이전 내용을 그대로 복사해 쓰는 경향이 있기 때문에 문제를 만든다. 이것은 글쓰기 품질의 문제가 아니다. 사용자 경험ux의 문제다. 사용자가 글을 읽고, 이해하고, 실행하는 전 과정을 끊김 없이 설계했는지가 성과와 신뢰를 가르는 기준이 된다. 실무 문서와 글쓰기는 단순한 정보 전달이 아니다. 실행을 설계하는 도구다. 최종 점검은 이 실행 흐름을 완성하는 마지막 단계이며, 독자의 경험을 책임지는 최종 액션이다. 최종 점검 체크리스트로 의도한 실행을 끌어내보자

1단계, 전체 흐름 재확인한다
독자의 입장에서 읽고 독자 입장에서 실행을 가로막는 부분을 점검한다.

2단계, 육하원칙으로 실행성을 점검한다
누가, 언제, 어디서, 무엇을, 어떻게, 왜? 이 6가지 질문에 빠

짐없이 답하고 있으며, 독자 입장에서 충분히 이해되는가 점검하라.

3단계, 기술적인 이슈 점검

날짜, 링크, 대상자, 문서 버전 같은, 실행에 직결되는 기술적 요소들이 빠짐없이, 정확하게 반영됐는지 점검한다.

4단계, 반복 사용 문서 업데이트

반복되는 문서도 날짜, 절차, 양식 등이 변할 수 있으므로, 일정 주기로 점검하고 변경 사항을 반영해야 한다.

5단계, 배포 경로 점검

문서가 사용되는 과정에서 첨부파일, 링크 오류는 없는가? 문서를 게시하거나 공유하는 위치, 수신자 범위는 적절한가?

실전 사례

기업의 인재개발팀은 매년 상반기 사내 교육을 공지한다. 그러나 기존 공지 문서를 거의 그대로 복사해 쓰면서, 날짜와 몇 가지 문장만 수정하는 방식이었다.

[공지 2030년 상반기 필수 교육 안내]
대상자: 전 직원
일정: 6월 8일(금) 14시 / 온라인 ZOOM
내용: 산업안전 / 정보보안 / 조직문화
신청: 첨부된 신청서 작성 후 교육포털 업로드
주의: 불참 시 인사고과 반영

공지 직후, 직원들은 문의를 쏟아냈다. 신청서가 첨부되어 있지 않고, 링크는 만료되어 접속되지 않았다. 대상자 기준이 명확하지 않아 '계약직도 해당되는가'라는 질문이 쏟아졌다. 일정도 실제 시스템 공지와 달라, 담당 부서에는 같은 질문이 날아왔다. 최종 점검 체크리스트를 기준으로 점검해보자.

1단계, 전체 흐름 재확인의 부족이다. 공지문 전체가 '인사팀의 입장'에서 작성되어 있다. 독자가 문서를 읽고 신청을 완료하기까지 흐름이 보이지 않는다. 신청만 하면 되는지 혹은 추가로 어떤 과정을 거쳐야 하는지도 설명이 없다.
2단계, 육하원칙 점검의 실패. '누가?'라는 질문에 '전 직원'

이라고만 되어 있어 휴직자, 계약직, 인턴 등 포함 여부가 불명확하다. '왜?' 교육을 받아야 하는지도 설명이 없다. '어떻게?' 신청하는지는 링크 오류로 무력화되었고, 신청 절차나 후속 조치도 빠져 있다. 결국 6가지 질문 중 절반 이상이 누락되었다.

3단계, 기술적 요소의 점검 또한 실패다. 링크가 만료된 URL로 설정되어 있었고, 일정 또한 실제 시스템 공지와 일치하지 않았다. 문서 버전 정보가 빠져 있어 수신자가 '최신 공지인지'를 확인할 수 없었으며, 담당자 연락처나 정확한 문의 경로도 빠져 있었다.

4단계, 반복되는 문서의 업데이트가 누락되었다. 이번 공지문은 작년 파일을 그대로 복사한 뒤 일부만 수정한 것으로, 문서 구조는 물론 안내 흐름, 문장 배열, 절차 등 전체가 이전 연도와 동일했다. 그러나 이번 연도에는 대상 범위, 교육 일정, 신청 방식이 모두 달라졌고, 이런 변경 사항이 제대로 반영되지 않아 반복적인 오류와 혼선이 발생했다.

5단계, 배포 경로 점검이 미흡했다. 공지에 명시된 '첨부파일'이 실제로는 누락되어 있었고, 링크는 접속 오류를 일으켰다. 공지 문서를 어디에 게시했고, 누구에게 발송했는지도 모호하다.

체크 포인트를 반영하여 개선해보자.

[공지 - 2030년 상반기 필수 교육 (확정본)]

교육 대상

- 2030년 5월 31일 기준 재직 중인 정규직 및 계약직 직원

 (휴직자 및 인턴은 제외)

교육 일정 및 방식

- 일시: 6월 10일(월) 오후 3시

- 방식: 실시간 온라인 강의 (Zoom 사용)

- 참여 링크: 교육포털 신청 완료 후 자동 발송

신청 방법

① 교육포털 〉 마이페이지 〉 '상반기 필수 교육' 클릭

② 접속 후 신청 완료 〉 확인 메일 발송

③ 교육 당일 출석 확인 후 5문항 퀴즈 참여

교육 내용

- 필수 항목: 산업안전, 정보보안, 조직 내 괴롭힘 예방

- 교육 이수 여부는 인사관리 시스템에 자동 반영

기타 정보

- 문서 코드: HR-EDU-2030-Q2-V2

- 다음 점검 예정일: 2030년 11월

– 문의: 인재개발팀 차연우 주임 (내선 412)

불필요한 표현은 걷어내고 누락된 절차는 보완했다. 그 결과, 별도의 문의나 추가 공지 없이 모든 부서가 기한 내 신청을 완료했다. '작성자 관점'에서 '사용자 경험 중심'으로 전환한 것이 주효했다.

이 세부 기술과 관련해 〈ISO 24495-1〉 5.4.2 지침에서 이렇게 강조한다.

Evaluate the document continually as it is developed.
A plain language document rarely has only one draft or is completed in a single work session. Authors should evaluate the document frequently as it is developed and change the document based on the results of the evaluation.
문서를 개발하는 동안 지속적으로 평가하라.
평이한 언어로 작성된 문서는 초안이 한 번만 작성되거나 한 번의 작업으로 완성되는 경우가 드물다. 작성자는 문서를 개발하는 과정에서 자주 평가하고, 평가 결과를 바탕으로 문서를 수정해야 한다.

글쓰기 코드로 쓸수록 향상되는 문해력

지금 우리가 하는 대부분의 일은 보고서, 이메일, 메신저 같은 글을 통해 이루어진다. 일터에서 의도한 대로 빠르게 통하는 의미 있는 글을 쓰려면 데이터를 바탕으로 사고하는 능력이 꼭 필요하다. 데이터를 정확히 읽고 해석하는 능력뿐 아니라, 글 자체를 정확히 읽고 이해하며, 논리적으로 사고하는 능력이 필수다. 이러한 능력이 부족하면 제대로 된 글쓰기가 어렵고, 업무 이해도 떨어져 진행과 성과에 큰 손실을 일으킨다. 이러한 글을 쓰는 사람에게도 함께 일하게 힘들다는 치명적인 평가가 따른다.

 그런데, 취약한 글쓰기 기술은 글쓰기만의 문제가 아니다. 글쓰기는 읽기Input-생각하기Process-쓰기Output의 3단계로 구성된다. 입력과 사고가 부실하면 결과 출력도 흐려지고, 아무리 문장을 다듬어도 전달력과 실행력이 떨어진다. 결국 이 3단계를 제대로 이어주는 토대가 되는 능력이 필요한데 바로 문해력이다. 문해력은 단순히 글을 읽고 이해하는 능력이 아니다. 직장에서의 문해력은 곧 일머리의 기반 역량이다. 정보를 빠르게 해석하고, 논리를 세워 정리하며, 실행 가능한 메시지로 바꾸는 힘이 문해력이다.

문해력이 부족하면 읽기에서 필요한 정보를 잡아내지 못하고, 생각하기에서는 논리를 세우지 못하며, 쓰기에서는 핵심이 빠지게 된다. 그래서 모호한 보고서나 이메일이 나온다. 반대로 문해력이 탄탄하면 글쓰기는 처음부터 끝까지 일관성과 설득력을 확보한다. 그 결과 성과는 빨라지고, 협업 효율은 높아진다. 성과를 만드는 직장인 글쓰기에는 문해력이 선행되어야 한다. 그러나 직장인 사이에서 문해력은 어휘력이나 독해 점수, 문법 오류 정도로만 인식되는 경우가 많다. 그 바람에 통하지 않는 보고서, 읽히지 않은 이메일, 꼬리에 꼬리를 무는 메신저 등 글쓰기 소통은 나아지지 않았다.

OECD는 문해력을 '읽고, 이해하고, 평가하며, 활용하고, 사회적 맥락 속에서 참여하는 능력'이라고 정의한다. 이는 단순 해독을 넘어 관계 기반 의사소통 능력임을 뜻한다. OECD 연구에 따르면 문해력이 높은 사람일수록 고용 안정성과 임금 상승을 경험한다. 반면 한국은 OECD 내에서 성인 문해력이 낮은 편이며, 특히 고령층에서 실무 문서 활용에 어려움이 크다. AI 시대에 문해력은 데이터를 맥락으로 구조화하고 핵심을 추출해 실행으로 연결하는 능력으로 확장됐다. AI는 문장을 생성하지만, 타당성 평가 및 실행 결정은 인간 몫이다. 문해력은 인간 고유의 본질적 경쟁력이다.

문해력은 사고와 실행을 잇는 생산적 힘이다. 불필요한 정보를 제거하고, 필요한 것을 선별해 판단하며 실행안을 설계하는 과정이 중요하다. 데이터 중심 시대일수록 문해력은 필수 역량이다. 문해력을 향상하려면 체적이고 체계적인 훈련 방식이 필요하다. 해답은 글쓰기 코드다. 이 체계는 상황과 독자에 맞춰 메시지를 조정하고, 정보를 체계적으로 정리하며, 표현을 명확하게 다듬고, 실행으로 이어지도록 설계하는 4단계를 반복해서 연습하게 돕는다. 이렇게 꾸준히 훈련하면 문해력이 자연스럽게 향상되고 실제 글쓰기 실력이 좋아지며 의사소통능력이 급상승한다.

문해력 향상 루틴, 글쓰기 코드로 완성하기

OECD는 문해력이 AI 시대 고용과 연봉을 결정짓는다고 강조한다. 이러한 능력으로서 문해력은 읽기와 쓰기를 넘어 정보를 맥락에 맞게 구조화하고 실행으로 연결하는 역량이다. 하버드는 AI 활용 교육 확산에 대응해 요약 훈련을 모든 학문 분야로 확대하고 있다. 읽은 내용을 자기 언어로 구조화해 다시 쓰도록 하여 읽기 능력과 쓰기를 통해 평가·강화한다. 문해력 향상을 통한 AI시대 경쟁력 강화가 목표다. 글쓰기 코드는 문해력을 쉽고 체계적으로 키울 수 있도록 구조화한 솔루션이다.

맞춤화Customize로 글을 읽는 사람에 맞게 내용을 조정하는 힘을 키운다.

구조화Organize로 자료를 빠르게 파악하도록 흐름에 맞춰 정리하는 힘을 키운다.

명확화Direct로 불필요한 말을 빼고 정확하고 명확한 문장으로 만드는 힘을 키운다.

실행화Execute로 글을 읽은 사람이 실제 행동에 옮기도록 설계하는 힘을 키워준다.

결국 글쓰기 코드는 글을 쓰는 기술뿐 아니라 글을 읽고 이해하는 능력과 생각하는 힘까지 키워주는 문해력 종합 훈련 시스템이다.

글쓰기 코드 체크리스트

이 체크리스트는 문서 작성자가 글의 설계부터 표현, 구조, 실행 유도까지 글쓰기 코드의 4단계를 기준으로 문서의 완성도를 점검하도록 돕는다.

Customize(맞춤화)

- ☐ 누구를 위한 글인지 명확한가? 독자에 맞는 행동을 요청하는가?
- ☐ 독자는 무엇을 알고 싶어 하는가? 그 의도를 반영했는가?
- ☐ 정보량, 표현 방식, 톤이 독자의 기대 수준에 맞는가?
- ☐ 이 글이 지금 필요한 이유가 분명히 제시되어 있는가?

Organize(구조화)

- ☐ 전체 흐름이 논리적으로 구성되어 한눈에 들어오는가?
- ☐ 관련 정보가 함께 묶여 정돈되어 있는가?
- ☐ 제목, 번호, 소제목 등으로 구조를 시각화했는가?
- ☐ 독자가 보는 순간 필요한 정보를 빠르게 찾을 수 있도록 구성했는가?

Direct(명확화)

☐ 핵심을 먼저 말하고, 설명은 그다음에 배치했는가?

☐ 문장이 일을 하게 썼는가? 행위자 중심의 능동 표현으로 썼는가?

☐ 표현이 모호하지 않고 정곡을 찌르는가?

☐ 문장이 짧고 직관적인가? 불필요한 수식은 없는가?

Execute(실행화)

☐ 실행을 방해하는 요소는 제거했는가?

☐ 흐릿한 표현 없이 선명하게 정리했는가?

☐ 피드백을 반영하고, 독자 입장에서 재점검했는가?

☐ 독자가 바로 실행할 수 있도록 문서를 최종 점검했는가?

글쓰기 코드의 4가지 핵심 기술과 16가지 세부 기술은 모든 실무 문서를 설계하고 점검하는 직장인 글쓰기의 표준 루틴이다. 보고서든, 이메일이든, 협업 메시지든 글의 목적은 달라도 그 중심에는 항상 4가지 기본기가 작동해야 한다.

    다음 장에서는 직장에서 가장 자주 쓰이는 7가지 문서 유형에 이 기본기를 어떻게 적용하는지 실전 기술로 풀어본다.

7장

직장인의 문서는 성과와 직결된다

7대 문서 유형별 코칭

채용에서 평가까지 조직이 구성원을 판단하는 기준은 그들이 작성한 문서와 글이다. 글이 곧 일의 언어이기 때문이다. 7장에서는 글쓰기 코드 기본기를 직장인의 7대 업무 문서에 적용하여 탁월한 성과를 내는 방법을 다룬다.

문서마다
무기를 다르게 쓸 것

"정말 AI가 우리를 대체한다고 생각하세요?"

챗GPT의 기습을 받은 2022년 말 이래로 글쓰기 코칭 현장에서 가장 많이 받은 질문이다. 나는 AI가 아니라 AI 활용 능력을 갖춘 동료가 당신을 대체할 것이라고 대답한다. AI와 함께 당신의 일까지 다 하게 될 것이기 때문이다. 맥킨지앤드컴퍼니McKinsey & Company의 설문조사 중 응답자의 78%가 이미 비즈니스 현장에서 AI를 사용한다고 답했다.[1] 미국 CRM(고객 관계 관리) 기업인 허브스팟HubSpot은 2025년 보고서에서 내부 연구에 따르면 AI에게 작업을 맡기면 하루에 약 2.5시간을 절약할 수 있다고 밝혔다.[2] 일주일이면 하루치 근무시간 이상을 AI가 대신할 수도 있다는 뜻이다. 마이크로소프트와 링크드인이 공동으로 연구한 보고서에서도 리더의 66%는 "AI 기술을 활용할 수 없는 사람은 사람은 뽑지 않겠다"고 응답했다.[3]

AI가 직장에 미치는 영향은 단순히 몇 퍼센트가 도입됐느냐, 몇 시간을 절약했느냐의 문제가 아니다. AI는 일의 기본이 되었고, 이제 질문이 달라져야 한다. "AI가 인간을 대체할까?"가 아니라 "AI와 함께 일하면서 필요한 역량을 내가 증명할 수 있는가?"가 경력의 기준이 된 것이다.

AI 시대에는 문서가 곧 경력이다

"그러면, 이제 뭘 해야 할까요?"

AI 활용 능력을 갖춘 동료가 당신을 대체하게 될 것이라고 답하면 그다음에 오는 질문이다. 뭔가 해야 하지 않겠냐고 묻는다. 나는 보고서를 잘 써야 한다고 답한다. AI 시대, 조직이 직장인에게 요구하는 것은 그저 그런 글쓰기가 아니다. 아이디어를 도출하고 문제를 해결하며 실행까지 연결하는 능력이다. 그리고 이 모든 역량은 결국 문서에서 드러난다. '무엇을 어떻게 하라는 말인가, 왜 이런 결론에 이르렀는가? 그 제안은 어떻게 실행할 수 있는가?' 이러한 내용을 담아내는 기획안, 보고서, 이메일, 지시 메시지 같은 모든 글과 문서가 당신의 '일머리'와 실행력의 증거라고 할 수 있다. 이 경우 문서는 더 이상 단순한 소통 도구가 아니다. 바로 이래서, AI 혁명시대에는 세계 수준의 '문서 작성 능력'이 경쟁력의 핵심이 된다.

문서마다 달라지는 '전장의 기술'

글쓰기 코드는 〈ISO 24495-1〉을 기반으로 하는 글쓰기 비법이자, 직장에서 요구되는 전략적 글쓰기 시스템이다. 모든 문서를 독자 중심에서 설계하고, 구조화하며, 명확하게 표현하고, 실행을 유도하는 4단계 전략이다. 하지만 승부에는 전략 말고도 전장의 특수성을 반영한 전술도 필요하다. 마찬가지로 각 글과 문서에도 작성하는 상황과 목적에 맞는 '전장의 기술'이 필요하다. 보고서는 논리를 무기로, 이메일은 행동 유도를 무기로, 협업 메시지는 간결함을 무기로 삼아야 한다. 같은 전략이더라도, 어떤 전술을 적용하느냐에 따라 결과는 극적으로 달라진다. 이 장에서는 각 문서 유형별 핵심 전술을 명확하게 제시한다.

AI 시대에 더 잘 나가는
일머리 고수들의 비법

많은 직장인이 보고서나 기획안 작성 때문에 야근을 하지만, 이는 써야 할 글이 많아서 혹은 어려워서가 아니다. 대부분 글쓰기 방향성을 잡지 못한 채 썼다 지웠다 하기 때문이다. 보고서는 단순히 끙끙대며 앉아있다고 해서 써지지 않는다. 소통의 목적과 목표, 독자의 상황을 정확히 이해하고, 무엇을 쓸지 명확히 정해 '메시지'를 만드는 과정이 먼저다. 이 메시지가 바로 일하는 글쓰기의 출발점이자 핵심이다. 글쓰기는 메시지 중심의 의사소통 그 자체다. 메시지가 있어야 글을 쓰고 다듬으며 완성할 수 있다. 메시지 없는 글쓰기는 어떤 기술도 한계가 있다. 반면 메시지를 명확하게 세우면, 글쓰기 코드의 도움으로 문서 만들기가 훨씬 수월해진다.

쓸거리부터 마련하는 것이 출발점이다. 쓸거리를 정하고 그것을 관통하는 메시지부터 확보되어야 비로소 글을 작성하고 편집하고 수정하여 다듬는 단계로 나아갈 수 있다. 쓸거리가 없다면 어떤 글쓰기 기술로도 문서를 포장할 수 없다. 그리고 메시지가 없다면 글쓰기 코드뿐만 아니라 어떠한 글쓰기 원칙도 무의미하다. 반면 쓸거리와 메시지가 있으면 문제는 크지 않다. 이후의 과정은 글쓰기 코드에 맡기고 수정과 첨삭의 차원으로 넘어갈 뿐이다.

쓸거리를 메시지로 바꾸는 3W 법칙

메시지를 만드는 가장 단순하면서도 강력한 비법이 있다. 바로 3W 기법이다. 3W는 머릿속 흩어진 생각을 What(무엇을)-Why(왜)-hoW(어떻게)라는 뼈대로 단 세 문장에 정리하는 생각 정리 도구다. 중구난방 횡설수설하는 아이디어를 세 줄로 압축하면 곧바로 독자 중심의 메시지가 된다. 〈ISO 24495-1〉이 제시한 세계 표준 의사소통 원칙(목적-맥락-행동)을 가장 단순하게 구현한 최소 단위가 바로 3W다. 글쓰기 코드 전체를 관통하는 핵심 코드다.

3W는 What-Why-hoW라는 3개의 문장 구조다. 독자가 가장 먼저 던지는 질문 "무슨What 일이야? 왜Why 중요한데? 그럼 어떻게hoW 하지?"에 단번에 답한다. 이 구조는 단순한 표현 기술이 아니라 사고의 프레임으로 작동한다. 독자는 3W를 통해 정보를 이해하고, 의미를 구성하며, 행동으로 이어간다.

아이디어를 메시지로 바꾸는 첫 단추가 바로 3W다. 아이디어는 가능성을 품은 불씨에 불과하다. 3W를 적용시켜 하나의 메시지로 정리되어야만 독자와 연결된다. 메시지가 세워지는 순간부터 문서는 형태를 띠기 시작한다. 그 뒤에 글쓰기 코드 4단계가 작동하면서 구조가 잡히고 표현이 명확해지며 실행을 이끄는 문서로 완성된다.

모든 글쓰기는 아이디어에서 메시지로, 메시지에서 문서로 이어지는 보편적 경로를 따른다. 3W를 활용하면 보고·지시·제안 등 직장 내 모든 상황에서 명확하고 논리적인 메시지를 전달할 수 있다. 글이 길어져도 논리와 전달력이 흔들리지 않는다. 특히 AI 프롬프트 작성에서도 효과적이다. AI는 구조화된 입력을 가장 잘 이해하기 때문이다.

3W는 글쓰기 코드의 기동장치다

무엇What은 맞춤화 단계에서 독자의 관심과 상황을 잡아낸다. 왜Why는 구조화에서 이유와 근거를 논리적으로 구조화한다. 어떻게hoW는 명확화와 실행화 단계에서 메시지를 명확하게 표현하여 행동을 유도한다.

핵심 메시지가 정리되지 않으면 문서는 정보를 나열한 글에 지나지 않는다. 정보가 나열된 문서는 상사에게 알아서 이해하고 결정하라는 말과 같다. 반면 메시지를 세우면 정보가 의미를 얻고 방향으로 바뀐다. 상사는 문서를 보자마자 수락한다. 예시를 보자.

1) 상반기 캠페인 성과는 페이스북 전환율 하락, 유튜브 도달률 상승으로 요약됩니다.
2) 상반기 캠페인에서 유튜브 채널은 도달률 대비 전환율이 3배 높아, 예산 집중이 필요합니다.

1번 문장은 정보만 나열한 쓸거리다. 상사는 쓸거리만 적힌 보고를 받고 '그래서?'라고 생각할 것이다. 2번 문장은 쓸거리를 메시지로 전환했다. 조금 더 나아졌지만 여기서 나아가 실행까지 요청해야 한다.

> 3) 하반기 캠페인을 위해 예산을 유튜브 채널에 집중적으로 투자하고자 합니다. 상반기 캠페인에서 페이스북 전환율은 하락했지만, 유튜브 채널은 도달률 대비 전환율이 3배 높았습니다. 7월 10일까지 검토 부탁드립니다.

이 세 문장의 차이는 단순하다. 정보는 상황을 나열하는 데 그치지만, 메시지는 정보를 기반으로 방향과 제안을 제시한다. 그리고 CTA까지 담긴 문장은 실행까지 설계한다.

무엇What	유튜브 채널에 예산을 집중적으로 투자해달라.
왜Why	상반기 캠페인에서 유튜브 채널은 도달률 대비 전환율이 3배 높았다.
어떻게hoW	하반기 예산안을 7월 10일까지 검토해달라.

메시지의 기능은 상사의 반응을 '그래서 뭐?'에서 '이렇게 하자고? 좋아!'라고 바꾸는 것이다. 일이 되게 하고 성과를 만드는 글쓰기는 메시지라는 글의 뼈대를 만들기부터다. 메시지는 3W

법칙으로 딱 3문장이면 된다.

    업무 글쓰기의 목적은 정보 전달이 아니라 실행 유도다. 메시지 만들기가 먼저다. 글을 잘 쓰는 방법을 고민하기 전에, 먼저 메시지를 만드는 습관이 필요하다. 글쓰기를 시작할 때 반드시 "무엇을-왜-어떻게"라는 세 줄로 메시지를 정리해야 한다. 이 작은 습관이 성과를 만드는 글쓰기를 가능하게 하고 협업의 속도를 끌어올린다.

직장인 주요 문서 첫 번째
보고서는 한 페이지에 담기

상사에게 보고서를 올렸다가 다시 쓰라는 피드백을 받은 적이 있는가? 보고서를 올렸을 때 상사가 수락하지 않고 반려했다면 이는 상사의 궁금증을 해결하지 못했기 때문이다. 상사가 궁금해하는 것은 3가지다. 내가 왜 이 글을 읽어야 하는가(의도), 무엇을 확인하라는 것인가(핵심), 그래서 지금 어떻게 하면 되는가(대책)다. 한 마디로 상사는 이 질문에 대한 답을 얻고 싶다. "그래서 내가 지금 뭘 해야 하지?" 상사는 바로 다음의 실행이 궁금한데, 대부분의 보고서는 팩트만 나열한다.

 보고서는 중요한 업무 단계마다 결정의 속도를 높이는 핵심 도구다. 제대로 쓰인 보고서는 경영진의 판단을 좌우하며, 강력한 추진력을 만든다. 따라서 보고서를 잘 쓰는 사람은 성과를 내고, 능력을 인정받는다. 반대로 핵심도 없고 대책도 없으며 의도조차 불분명한 보고서는 상사의 판단을 흐리게 만들어 생산성을 떨어뜨린다.

보고서의 목표는 상사의 업무를 돕는 것이다. 정확하고 빠른 의사결정을 가능하게 해야 한다. 상사들이 가장 싫어하는 보고서는 정보를 쏟아부은 '정보 폭탄형'이다. 결론이 끝에 가서야 드러나거나 끝까지 읽어도 핵심을 알 수 없는 경우가 태반이다. 구구절절 정보만을 늘어놓는 보고서는 상사에게 내용을 알아서 이해하라는 말과 같다.

보고서 쓰기에 가장 적합한 OREO 공식

보고서에 가장 적합한 것이 바로 구조화의 첫 번째 기술이었던 OREO(오레오) 공식이다. 보자마자 OK를 받아내는 보고서를 쓰려면 핵심, 의도, 대책이 한눈에 들어오게 구성해야 한다. 핵심을 먼저 쓰고, 왜 그래야 하는지 명확히 밝히며, 무엇을 어떻게 해야 할지를 구조화해야 한다. 그래야 임팩트 있는 보고서가 완성된다. 이 구조를 가장 단순하고 강력하게 구현한 것이 바로 OREO(오레오) 공식이다. (구조화 첫 번째 기술 S 참고)

Opening **O**pinion	핵심 제안: 핵심 메시지를 제시한다.	
	→ **결론, 제안, 요청을 맨 앞에 쓴다.**	
Reason	이유 설명: 메시지를 제시한 이유를 밝힌다.	
	→ **배경, 문제 상황, 타당한 근거를 제시한다.**	
Example	사례 첨부: 구체적인 사례나 예시로 설득한다.	
	→ **성공한 사례담으로 신뢰를 더한다.**	
Closing **O**pinion	실행 제안: 실행을 제안하여 행동을 유도한다.	
	→ **실행에 필요한 조치, 기한, 방법 등을 명확히 적는다.**	

실전 사례

IT 기업에서 고객 불만 접수 건이 늘어나자 이를 개선하기 위해 T 대리는 보고서를 작성해 올렸다.

[고객 응대 개선 방안 보고]

최근 3개월간 고객 불만 접수 건수가 28% 증가했습니다.
주요 원인은 상담 응답 지연과 서비스 응대 품질 저하로 파악됩니다.
이에 따라 아래와 같이 6가지 대응 방안을 정리했습니다.

① AI 기반 자동 응답 시스템 도입

② 고객센터 상담 인력 2명 추가 배치

③ 고객센터 운영시간을 주말까지 확대

④ 이메일 응대 절차 및 상담 템플릿 전면 개편

⑤ 온라인 문의 게시판에 자동 응답 기능 적용

⑥ 외부 전문업체에 위탁 검토

※ 참고자료

현재 우리 회사의 평균 고객 응답 시간은 23시간으로, 동종 업계 주요 기업의 평균 응답 시간(5.2시간) 대비 크게 지연되는 상황입니다.

이상입니다. 의견 부탁드립니다.

이 보고서에는 정보만 잔뜩 나열되어 있다. 언뜻 보면 대응 방안을 6가지씩이나 작성했고 숫자 기호를 사용해 구조화가 잘된 깔끔한 보고서처럼 보이지만, 이 중에서 무엇부터 실행해야 하는지, 실행 가능성은 있는지, 원하는게 무엇인지 알 수 없다. 작성자의 의도도 마땅한 대책도 보이지 않는다. 핵심이 빠져서다. 보고서로 빠르고 정확하게 의사결정 해야 하는 상사를 돕는 게 아니라 알아서 판단하라며 일을 복잡하게 만든다. OREO(오레오) 공식으로 바꿔보자.

첫째, 핵심 제안이다. "고객 불만 대응 강화를 위한 첫 조치로 AI 챗봇 도입을 우선 시행해주시기 바랍니다." 서두에 핵심 제안을 명확히 제시하여 독자가 방향을 바로 이해할 수 있도록 구성한다.

둘째, 이유 근거 대기다. '최근 3개월간 고객 불만이 28% 증가', '당사 응답 시간 23시간 vs 업계 5.2시간' 같은 문제 원인과 수치를 근거로 판단 기준을 제공한다.

셋째, 사례 들기로 'A사와 B사는 챗봇 도입 후 응답 시간 6시간 이내', '당사 테스트 결과 상담 인력 소요 35% 절감' 같은 유사 사례 및 내부 테스트 데이터를 포함해 설득력을 강화한다.

넷째, 실행 요청은 장황하게 6가지를 늘어놓기보다 'AI 챗봇 도입을 1단계 조치로 추진', '5월 3일까지 도입 여부 및 예산 승인 요청' 구체적인 실행과 기한을 명시하여 즉시 결정과 후속 조치를 요구해야 한다.

OREO(오레오) 공식은 하나의 주장을 논리적으로 설득력 있게 작성하게 돕는다. 보고서에서는 주장의 흐름과 설득 구조가 중요한 만큼 OREO(오레오) 공식이 효과적이다. 최종적으로 바꾼 보고서는 다음과 같다.

[고객 불만 급증 대응 – AI 챗봇 도입 추진 요망]

고객 불만 대응 강화를 위한 첫 조치로 AI 챗봇 도입을 시행해주시기 바랍니다.

최근 3개월간 고객 불만이 28% 증가했으며,
이 중 70%가 '답변 지연'에 집중되어 있습니다.
당사 평균 응답 소요 시간은 23시간으로,
업계 평균인 5.2시간 대비 4배 이상 소요되는 실정입니다.
A사와 B사는 챗봇 도입 후 응답 시간이 6시간 이내로 단축되었고,
상담 효율이 개선되어 고객 불만도 눈에 띄게 줄었습니다.
당사에서도 파일럿 테스트를 통해 상담 인력 소요가
약 35% 절감된다는 결과를 확인했습니다.
이에 따라 AI 챗봇 도입을 1단계 조치로 추진하고,
운영시간 확대 등은 2단계로 검토할 것을 제안합니다.
5월 3일까지 도입 여부 및 예산 승인을 요청 드립니다.
검토 후 회신 바랍니다.

독자인 상사는 보고서 첫 부분부터 보고서를 읽고 무엇을 해야 하는지 알 수 있다. 읽어 내릴수록 AI 챗봇을 도입해야겠다는 생각이 굳어진다. 이게 바로 OREO(오레오) 공식의 효과다.

AI와 서술형 보고서 쓰기 연습

글쓰기는 쓰기보다 고쳐쓰기를 통해 완성도가 높아지고 실력이 늘어난다. 그러나 혼자서는 자신의 글을 객관적으로 보기 어렵다. 무엇을 버리고 살려야 할지 기준이 없기 때문이다. 특히 보고서는 정해진 마감 기한이 있거나 되도록 빠르게 제출해야 해서 오래 붙잡고 있을 수 없다. 그래서 많은 이들이 '쓴다 → 막힌다 → 포기한다'는 악순환에 빠지기 쉽다. 이 한계를 넘으려면 AI 협업과 체계적인 훈련이 필수다.

이번에는 AI 코치를 파트너로 초대해 아이디어 발상부터 메시지 설계, 글쓰기 코드로 구조 잡기, 본문 작성, 제목 달기, 피드백, 고쳐쓰기까지 전 과정을 함께 돌리는 훈련법을 제안한다. 'AI와 서술형 보고서 쓰기 연습'이라 명명한 이 방법은 OECD에서 강조하는 '정보를 찾아내고, 분석하고, 실행으로 전환하는' 문서 문해력 향상에도 큰 도움이 된다.

서술형 보고서 작성 7단계

아마존 창업자 제프 베이조스는 회의에서 파워포인트 대신 6페이지 분량의 서술형 보고서를 의무화했다.[4] 임원 전원이 문서를 조용히 읽고 토론하는 독특한 문화가 아마존 혁신의 핵심이다. 이 보고서는 '사고와 실행' 설계 도구다. 베이조스는 보고서를 4~5단락으로 구성하고, 단락마다 핵심 메시지를 명확히 제시하며, 주어·서술어·목적어를 갖춘 완결형 문장으로 쓸 것을 강조했다. 이런 원칙들은 이미 글쓰기 코드에 포함되어 있다. 예를 들면, 단락별 메시지 세우기는 핵심기술 중 하나인 표현 명확화 기술의 '핵심부터 쓴다'고 하는 세부 기술의 실천이다. 글쓰기 코드의 기준에 맞춰 AI와 협업하며 쓰고, 고쳐 쓰면, 누구나 아마존 수준의 보고서를 완성할 수 있다.

① 아이디어 발상: AI에게 문제 상황과 핵심 3가지를 수치와 함께 지시해 결과를 검증하며 주제를 확정한다.

② 메시지 설계: 설득력 있는 한 줄 메시지를 3W(무엇을-왜-어떻게) 포맷으로 여러 안을 요청한 뒤 하나를 고른다.

③ 글쓰기 코드 구조 잡기: AI에 목차와 핵심 문장 초안을 작성시키고, 조직 의도에 맞게 재배열한다.

④ 본문 작성: 초안 작성 후 명확화 기준으로 진단·수정을 반복하며 개선한다.

⑤ 제목 달기: 완성된 문장을 요약하는 제목을 짓는다.

⑥ AI 피드백 받기: 보고서가 읽고 싶게 읽기 쉽게 작성되었는지, 문장

표현은 명확한지, 실행 가능성을 점검하는 피드백을 전Before과 후After의 형태로 받아 수정한다.

⑦ 고쳐쓰기: 팩트 체크를 거쳐 완성한다. 글쓰기 코드 기준 점검표를 적용한다.

AI에게 얼마나, 어떻게 도움을 받았든 보고서에 대한 최종 책임은 작성자에게 있다. 사실 확인은 필수로 해야 하며, AI가 준 정보는 출처를 교차 확인하고 표기한다. AI 생성물에 남의 글이 섞여 있는지도 주의하며 표절을 피해야 한다. 상황·독자 맥락에 맞게 표현을 검토하고 오해를 막기 위한 점검을 해본다. 책임 있는 작성자의 자세가 AI 보고서 작성의 기본이다.

직장인 주요 문서 두 번째
이메일은 0.3초 안에 클릭하게 쓰기

빅테크 기업 중 최초, 단기간에 시가총액 1위에 오른 엔비디아는 직원 수가 3만 6천 명이 넘는다.[5] 창업자인 젠슨 황은 수많은 직원과 이메일로 직접 소통한다. 매주 2만 건 가까이 이메일을 받는데, 이 중 일부 메일에 직접 회신하거나 피드백을 보낸다. 하루 중 2시간 이상을 이메일 확인에 사용하는 젠슨 황은 직원들에게 이메일을 쓰는 규칙도 만들었다. 그 규칙은 TLDR로, '너무 길면 읽지 않음Too Long; Didn't Read'의 약어다. 그가 강조하는 구체적인 이메일 쓰기 규칙은 이러하다.

이메일 본문은 최대 6줄을 넘지 않아야 하며, 한 문장에 한 줄, 두 줄 간격을 두고 작성한다. 핵심 메시지를 가장 먼저 전달하며 복잡한 설명이나 서론, 장황한 배경 설명은 금지한다.

제대로 쓴 이메일은 엔비디아처럼 단순한 소통 도구를 넘어 조직의 실행력을 높이는 핵심 시스템으로 작동한다.

이메일 쓰기에서 자주 발생하는 문제점

메신저와 슬랙 같은 업무용 메신저가 일상화되었지만 이메일은 여전히 전 세계에서 가장 많이 쓰인다. 공식적이고 신뢰받는 업무 커뮤니케이션의 수단으로 요청, 확인, 회신, 협의, 공지, 보고 등 공식적인 소통에 활용된다. 그렇기에 이메일을 쓰는 것만 봐도 그가 일을 잘하는지 아닌지 단번에 알 수 있다. 누구나 이메일을 사용하지만 아무나 이메일을 잘 쓰는 것은 아니다.

내용을 짐작할 수 없는 제목, 내용을 많이 늘어놓아 요점을 알 수 없는 본문, 이메일을 보낸 목적이 분명치 않거나 실행을 만들지 않는 이메일이 다반사다. 이런 이메일은 오해를 부르고 재확인을 유발하여 생산성을 뚝뚝 떨어뜨린다. 이메일 글쓰기 문제를 해결하는 방법 3T(쓰리티)를 소개한다. 3T(쓰리티) 공식을 활용하면 빠르고 명확한, 효과적인 소통이 가능하다.

실행형 이메일을 만드는 3T 공식

3T(쓰리티)는 이메일이 반드시 담아야 할 3가지 핵심 요건이다. 이 중 하나라도 빠지면, 이메일은 실패. 다음 예문으로 3T(쓰리티)공식을 배워보자,

제목: 회의 일정이 바뀌었습니다.
김 실장님께서 본문 조율을 하다 보니 다른 날짜가 더 괜찮을 것 같다고 하셔서 변경이 필요해졌습니다.
확정된 일정은 다시 공유드리겠습니다.
참석 가능하신지 확인 부탁드리며, 회의 관련해서 의견 있으시면 알려주세요.

Title: 제목으로 행동을 유도하라

이메일 제목은 그 자체로 '요청'이다. 제목에 반드시 키워드를 포함하여 쓴다. 용건이 한눈에 보이게, 이메일을 보내는 이유를 제목에서 알 수 있게 해야 한다. 제목Title에 핵심 키워드가

없다. 그래서 어쩌란 거냐는 항의가 쏟아진다. 요청으로 개선하면 수신자는 0.3초 만에 클릭한다.

Trigger: 요청 조건을 밝혀라

요청 조건Trigger이 모호하다. 독자는 언제까지 누구에게 무엇을 해야 하는지 알 수 없다. 정보가 분명하지 않다. 의도한 대로 행동하게 만드는 메일은 조건을 명확하게 제시한다. 육하원칙(누가, 언제, 어디서, 무엇을, 어떻게, 왜)로 독자가 궁금해할 내용을 빠짐없이 제시한다.

Tight: 한눈에 이해되게 작성하라

요청 조건Trigger이 모호하니 당연히 즉시 이해Tight가 부실하다. 구조화로 가장 앞단에 핵심을 이야기하자. 정보는 수신자가 스크롤할 필요가 없도록 한 화면에 모든 내용이 들어가도록 작성하여 한 눈에 보이고 파악되게 한다.

7/3 회의 일정 변경 건 (6/25까지 회신)

변경 전: 7월 3일(수) 오후 2시

변경 후: 7월 5일(금) 오전 10시

변경 사유: 보고서 취합 일정과 핵심 인력 출석 가능 시간 조율

실장님의 요청으로 회의 일정을 5일로 변경하고자 합니다.

참석 가능하신지 확인 부탁드리며, 회의 관련해서 의견 있으시면 알려주세요.

실전 사례

어느 글쓰기 강사는 한 금융지주사로부터 다음과 같은 이메일을 받았다.

제목: 코치님 안녕하세요
코치님의 저서와 강연을 보고 이메일 드립니다.
저희 강의를 부탁드리려 연락드렸습니다.
강의는 1월 16일 목요일 오후입니다.
회신 부탁드립니다.

이 이메일은 실행형 이메일의 기본 공식인 3T(쓰리티) 요소가 모두 빠져 있다. 제목에는 키워드도 없고, 용건이 분명하지 않다. 본문 역시 구체적인 요청 사항이 없으며, 강의의 핵심 정보인 대상, 주제, 장소, 시간, 조건 등이 없어 제안을 수락할지,

말지 판단할 수가 없다. '무엇을 회신하라는지'조차 명확하지 않다. 3T(쓰리티) 공식을 적용하여 바꿔보자.

제목Title에는 요청 의도(강의 요청)와 구체적인 일정을 명확히 포함하여 수신자가 이메일을 열기 전부터 내용을 예상할 수 있게 한다.

요청 조건Trigger인 일시, 장소, 대상, 주제, 강사료, 회신 기한과 요청자가 판단하고 준비해야 할 조건들을 모두 포함해서 쓴다. 여기서 회신일까지 명확히 지정한다면 수신자가 좀더 빠르게 움직이게 할 수 있다.

한눈에Tight 이해되게 구성하려면 각 항목(일시, 장소, 대상 등)을 문단 속에 넣지 않고, 시각적으로 정돈된 형식으로 나열한다. 문장도 짧고 명확하게 구성해야 스크롤 없이 스캔만으로 전체 내용을 이해할 수 있다.

제목: 1월 24일 ○○금융지주 마케팅본부 강의 요청드립니다.

S 코치님, 안녕하세요.

○○그룹 마케팅본부 K 팀장입니다.

현재 내부 커뮤니케이션 역량 향상을 위한 교육을 기획 중이며,

〈단번에 승인받는 실무 글쓰기〉 강의 진행을 요청드립니다.

일시: 1월 24일(금) 오후 2시 (2월 중 가능한 일자로도 조율 가능)

장소: 여의도 본사 강의실

대상: 마케팅본부 소속 팀장급 관리자 약 90명

주제: 단번에 승인받는 보고서 작성법 / 명확한 문장 쓰기

강사료: 시간당 ○○만원 (협의 가능)

회신 요청: 해당 일자 가능 여부 또는 가능하신 일정을 1월 3일(금) 18:00까지 회신 부탁드립니다.

기획안 파일을 첨부드리며,

일정 및 세부 사항은 회신주시는 대로 빠르게 조율하겠습니다.

감사합니다. K 팀장 드림

직장인 주요 문서 세 번째
메시지는 한 번에 소통하기

전 세계 기업에서 널리 쓰이는 업무용 메신저 슬랙은 하루에 15억 건의 메시지가 오간다고 한다. 실제로 메신저라는 생산성 도구가 도입된 이후에 이전보다 회의 시간이 줄고, 생산성은 향상되었으며 제품 출시 속도도 빨라졌다. 반면 부작용도 존재한다. 너무 많은 메시지가 차고 넘쳐 의사소통을 방해한다는 것이다. 호주의 회계 컨설팅사인 트래픽 에이아이 Traffyk.AI는 1만 5천 명 직원들이 과도한 메시지로 인해 연간 1억 달러 이상의 생산성 손실이 발생했다고 밝혔다.[6] 표면적으로는 회의가 줄었지만, 슬랙, 구글 챗, 팀즈 같은 업무용 메신저로 인해 일터는 시도 때도 없이 회의 중인 셈이다. 업무용 메신저 글쓰기에서는 무엇이 중요할까?

업무용 메신저는 조직이나 팀의 협업을 위한 도구다. 채팅, 파일 공유, 일정 조율, 요청 지시 등 협업에 필요한 것들이 메시지 기반으로 연결된다. 따라서 메시지가 분명치 않으면 일의 흐름이 끊기고 오해와 오류를 유발하며 업무는 꼬이고 일은 늦어진다.

업무용 메신저 글쓰기 SNAP 공식

업무용 메신저 글쓰기에서 가장 흔한 문제점은 메시지를 조각조각 나눠서 보내는 것이다. 짧게 자주 보내면 신속해 보이지만 실제로는 업무의 흐름을 끊고 집중력을 떨어뜨린다. 이 방식은 정보가 분산되어 핵심을 파악하기 쉽지 않고 대화가 늘어나 필요 이상으로 시간을 끌게 된다. 이러한 조각 소통을 바꾸는 것만으로 업무용 메신저 글쓰기 문제의 대부분이 해결된다.

SNAP(스냅) 공식은 짧지만 강력한 메시지를 작성하는 도구다. SNAP(스냅) 공식으로 원샷 소통이 가능하다. SNAP(스냅) 공식은 말이 많거나 조각조각 난 메시지를 최소한의 말로 한 번에 전달하여 일이 되게 만든다.

Say it first	결론부터 말하라.
Need to know	필요한 맥락만 보여줘라.
Action info	실행 조건을 명확히 써라.
Pinpoint	책임자나 후속 조치를 지목하라.

실전 사례

M 팀장은 팀원의 PPT 초안을 확인한 뒤 메신저로 이렇게 피드백했다.

자료 봤어요.
더 다듬어야 할듯요.
다음 회의 전에 공유할 수 있을까요.

한마디 한마디 말이 끊긴다. 게다가 문장도 완전하지 않아 독자인 팀원은 무엇을 수정하라는 것인지 알 수 없다. 제대로 고치기 위해 자세한 내용을 묻고 답하는 메시지가 수차례 오가야 한다. 일의 진행이 더뎌진다. 업무용 메신저 글쓰기를 돕는 SNAP(스냅) 공식으로 개선해보자.

가장 먼저 결론부터 말하라Say it first. '파일 확인 및 요청사항(디자인 수정)'을 문장 첫 줄에 명확히 밝혀 메시지를 읽자마자 결론을 파악할 수 있게 한다.

다음은 필요한 맥락만 보여줘라Need to know. 판단의 이유만 간결히 설명해 왜 이 작업이 필요한지에 대한 배경을 짧고 명확하게 제시한다.

그다음으로 실행 조건을 명확히 써라Action info. 무엇을 어떻게 해야 하며, 언제까지 제출해야 하는지를 구체적으로 지정해준다.

마지막으로 책임자나 후속 조치를 지목하라Pinpoint. 담당자 지목과 파일 처리 방식까지 포함해 실행 이후 단계까지 확실하게 마무리되도록 설계한다. 개선 후의 메시지는 이렇다.

B 주임이 만든 회의자료 PPT 초안 확인했습니다.

슬라이드 디자인을 수정해주세요.

내용은 의도대로 잘 정리되었지만

슬라이드마다 디자인이 달라 산만해보입니다.

최근 Y 과장이 만든 PPT를 참고해 디자인을 일관되게 맞춰주세요.

5월 18일 오전까지 재작업한 파일을 이메일로 보내주세요.

수정한 파일은 기존 경로에 덮어 저장 바랍니다.

이 메시지 하나로 소통이 끝난다. 조각 조각난 소통은 일머리를 흐리게 만든다. SNAP(스냅) 공식으로 한 번에 소통하자. 하나의 메시지 안에 맥락·요청·책임을 모두 담을 수 있다면, 그건 이미 문해력이 일하는 수준으로 작동하고 있다는 뜻이다. 말을 줄이는 것이 아니라, 사고를 정리해 표현을 명확히하는 것이다. 결국 SNAP(스냅)은 '짧게 쓰는 기술'이 아니라 '명확하게 일하는 기술'이다.

직장인 주요 문서 네 번째
업무 지시로 생산성을 끌어올리기

직장인들의 퇴사 원인 중 하나는 인간관계에서 벌어지는 갈등이며, 그중 상사와의 소통에서 오는 오해가 가장 크다. 특히 상사들의 명확하지 않은 업무 지시는 직장 내 갈등과 비효율의 근본 원인으로 꼽힌다. 지시가 분명하지 않으면 직원은 혼란을 겪고, 결과를 받아본 팀장은 불만을 느끼며, 업무 성과가 좋을 리 없다. 이런 상황에서 직원은 상사의 불명확한 지시로 인한 결과를 혼자 떠안으며 억울해하다가 퇴사를 결심한다. 그러나 억울하기는 상사도 마찬가지다. 업무를 지시했을 때 알아들었다고 하고서는 전혀 엉뚱한 결과물을 가져온다. 온라인으로 주고받는 업무 지시에 3R(쓰리알) 공식이 필요한 배경이다.

업무 지시 글쓰기 3R 공식

업무 지시 글쓰기가 중요한 이유가 있다. 디지털 환경에서는 지시 내용이 기록으로 남아 오해와 혼란을 줄이고, 책임 소재도 분명하기 때문이다. 명확한 지시는 실행 속도를 높이고 성과를 개선한다. 반면 글쓰기가 서툴면 지시가 모호하게 전달되어 실행에 차질이 생기고, 이는 조직 전체와 지시자의 평판에 부정적인 영향을 미친다. 따라서 오해 없이 명확하게 업무를 지시하는 글쓰기 기술이 필수적이다.

한때 MZ 직원들의 '3요' 주의보가 화제였다. 상사가 업무 지시를 내리면 MZ 직원이 "이걸요?", "제가요?", "왜요?"라고 맞받아쳤기 때문이다. 대답을 들은 상사는 황당했겠지만, 이성적으로 생각해보자. '3요' 질문을 한다는 것은 지시에 '무엇을', '왜', '어떻게'가 빠졌다는 신호다. 이런 상황이 반복된다면, 업무 지시 방식부터 점검할 필요가 있다.

업무 지시에는 '요청-이유와 기준-결과조건' 이 3가지를 반드시 포함해야 한다. 3요를 원천봉쇄하는, 실패 없는 업무 지시 글쓰기 3R(쓰리알) 공식을 소개한다. 3R(쓰리알) 공식은 일방적인 지시가 아니라, 일이 되게 만드는 마법의 주문이다. 문서, 메신저, 인트라넷, 어떤 채널이든 적용 가능하다.

Request　　　　　　요청: 무엇을, 어떻게 하라는 것인가?

Reason & Standard　이유와 기준: 왜 필요한 일이며, 어떤 조건이 따르는가?

Result Rule　　　　결과물 요건: 무엇을 언제까지, 어떤 형식으로 제출해야 하는가?

실전 사례

K 팀장은 L 사원에게 업무 메신저로 다음과 같이 지시했다.

"이번 임원 주재 전략기획회의에서, 요즘엔 B2B도 구독 모델로 전환을 많이 한다고 하니, 우리도 내년쯤 도입하면 어떻겠느냐는 의견이 나왔어요. 일단 한번 검토해보고, 정리해서 보고해 주세요."

L 사원은 주말을 반납하고 30쪽에 달하는 보고서를 작성했다. 그러나 팀장은 "투자비가 이렇게 많이 든다고요? 자금 조달이 관건이겠네요. 그 방안도 포함되어 있어야 하죠"라며 불만을 표했다. L 사원은 당황한 한편 언짢았다. "일단 한번 검토하는 거 아닌가?"라는 생각이 들었다. 처음부터 팀장의 지시는 명

확하지 않았다. '한번 검토', '정리해보라'는 표현만 있을 뿐, 자금 조달 방안에 대해서는 언급조차 없었다. 결과적으로 L 사원은 반복 작업에 시달리고, 의욕이 떨어진다. 이런 모호한 지시는 성과를 떨어뜨리고, 관리자에 대한 불신으로 이어진다.

이런 문제는 목적Reason, 범위Range, 결과Result가 명확하고 구체적인 지시, 즉 3R(쓰리알) 공식으로 개선할 수 있다

첫째, 무엇을, 어떻게 하라는가Request. "당사의 B2B 구독형 비즈니스 모델 진입 타당성을 전략 방향 중심으로 1차 검토해주세요." 요청 사항을 첫 단락에서 별도의 문장으로 명확히 전달한다. 이 문장은 무엇을 해야 하는지, 어떤 방향으로 해야 하는지를 제시하여 실행을 유도한다.

둘째, 왜 해야 하는 일이며, 어떤 조건이 따르는가Reason & Standard. "전략기획회의 준비에 따라", "차기 전략기획회의 사전 자료로 활용"같은 설명을 통해 요청 배경과 목적이 분명하게 드러낸다. 또한 "자금 조달 계획은 이번 검토 범위에 포함하지 않습니다"라고 검토 범위의 기준(제외 조건)을 명확히 밝힌다.

셋째, 무엇을, 언제까지, 어떤 형식으로 제출해야 하는가Result Rule. 문서의 형식(10쪽 이내 PPT), 기한(6월 25일 오전 10시) 전달 형식과 방식(드라이브 업로드 및 DM 공유)까지 구체적으로 제시하여 결과물이 갖춰야 할 요건이 누락 없이 구성한다.

제목: B2B 구독 모델 진입 타당성 – L 사원 1차 검토 요청

안녕하세요.

전략회의 준비에 따라 아래 내용을 검토해주세요.

당사의 B2B 구독형 비즈니스 모델 진입 타당성을

전략 방향 중심으로 1차 검토해 주세요.

다음 3가지 항목을 포함해 정리 바랍니다.

① 국내외 유사 모델 사례 3건

② 진입 시 우리 회사의 이점 및 리스크

③ 예상 초기 소요비용 항목 (금액 추산은 제외)

이번 검토는 차기 전략 기획회의 사전자료로 활용됩니다.

자금조달 계획은 이번 검토 범위에 포함하지 않습니다.

문서 형식: 파워포인트 10쪽 이내

제출 기한: 6월 25일(화) 오전 10시까지

전달 방식: 회의 전날까지 드라이브 폴더 업로드 후 DM 공유

작업 중 문의사항은 오늘 회의 후에 메신저로 주세요.

감사합니다.

3R(쓰리알) 공식은 지시 내용을 확인하는 차원에도 요긴하게 사용된다. 지시 받은 업무를 수행하기 전. 전, 3R(쓰리알) 공식을 적용하여 사전 체크하자.

팀장님, 지시하신 'B2B 구독 모델 진입 타당성 1차 검토 작업'에 대해 확인했습니다.
(요청받은 내용에 대하여) 유사 모델 사례 3건을 준비하고, 진입 시 이점과 리스크를 정리할 예정입니다.
(요청에 따른 조건에 대하여) 자금 조달 계획은 이번 검토에서 제외된다는 점을 이해했습니다.
(결과물 요건에 대하여) 결과물은 10쪽 이내의 파워포인트로 준비하며, 6월 25일 오전 10시까지 드리겠습니다.
검토 중에 의문 사항이 생기면 메신저로 여쭤보겠습니다. 감사합니다.

직장인 주요 문서 다섯 번째
외부 메시지는 디테일을 챙기기

외부고객을 대상으로 하는 소통은 홍보팀, 마케팅팀처럼 특정 부서의 전담 업무였다. 하지만 많은 회사에서 조직 체계가 기능 중심에서 과제 중심으로 바뀌면서, 현업 부서에서 외부고객과 직접 소통하는 경우가 많아졌다. 또 고객센터의 고객 대응이 챗봇과 메시지 중심으로 바뀌면서, 고객이 대상인 글쓰기의 필요성이 부각되었다. 이제 외부고객 대상 글쓰기는 특정 부서, 특정인의 업무가 아니라 모든 직무에서 요구하는 자질이다.

   외부고객과의 소통은 회사 밖의 고객, 거래처, 제휴사, 주주 등 다양한 이해관계자 사이에 이뤄진다. 문자서비스, 이메일, 메신저 등 소통 채널은 다양하지만 짧고 명확하며 정중하게 메시지를 전달해야 한다. 외부고객에게 보내는 글은 단 한 문장으로도 조직의 이미지와 브랜드 신뢰에 큰 영향을 미친다. 글쓰는 사람만의 문제가 아니라 조직 전체의 성과와 연결되는 만큼 직무에 상관없이 배워둬야 할 필筆살기다.

외부고객 글쓰기 CARE 공식

글을 쓰는 사람은 내부 맥락과 상황을 모두 알고 있지만, 외부고객은 알 리 없다. 외부고객 글쓰기는 메시지와 관련된 전반적인 맥락을 고려하여 상세하게 안내하는 것이 핵심이다. 특히 고객은 '왜 이 메시지를 받았는지, 무엇을 해야 하는지'를 명확히 알고 싶어 한다. 따라서 글을 쓸 때는 고객이 예상할 법한 질문에 미리 답하듯 설계해야 한다. 이것이 바로 신뢰받는 커뮤니케이션의 출발점이다. 고객이 안심하고 행동할 수 있도록 돕는 글, CARE(케어) 공식으로 만들어보자.

Clarity: 요청을 명확하게 써라

무엇을 언제까지 누구에게 요청하는지 단순하고 명확하게 쓴다. '6월 15일 18시까지 등록을 완료해 주세요'처럼 쓸 수 있다.

Admission: 의도를 전달하여 상대방의 신뢰를 얻는다

왜 이 메시지를 보내는지, 어떤 배려가 담겨 있는지를 설명해 신뢰를 확보한다. 예를 들어, '혼선이 없도록 변경 사항을 정리해드립니다'라는 식이다.

Response Guide: 응답 방법을 쉽게 안내하라

고객이 행동을 취하기 쉽게, 구체적인 경로와 방식을 명시한다. '신청은 아래 링크를 클릭해 주세요.'

Empathetic Tone: 공감의 말투로 정중하게 써라

부담을 줄이고 심리적 거리감을 좁히는 말투가 중요하다. '언제든 편하게 문의주세요. 바로 답해드리겠습니다.'

실전 사례

○○전자 콘텐츠팀은 유명 쇼핑몰 MD에게 신제품 설명회 참여를 요청하는 메시지를 보냈다.

"안녕하세요, 신제품 관련 설명을 공유할 게 있어서요. 시간 괜찮을 때 교육 세션 한번 들어오세요. 자료는 나중에 드릴게요."

메시지를 받는 사람에게 이 메시지는 '무엇을 왜 하는지'가 불명확하다. 누가 참여해야 하는지, 언제 어디서 어떻게 진행되는지, 어떤 이점이 있는지도 밝히지 않았다.다. 메시지를 받은 외부고객은 메시지를 무시할 수 없고 받아들이자니 확인할 게 많아 성가시다. CARE(케어) 공식으로 고객과 소통해보자.

첫째, 요청을 명확하게 써라 Clarity. "8월 16일 18시까지 신청 바랍니다" 요청 시점(언제까지)과 대상(귀사 MD 한 분)을 분명하게 명시해 누가 무엇을 해야 하는지를 명확하게 전달한다.

둘째, 의도를 전달하여 신뢰를 얻는다 Admission. "귀사의 판매율 향상에 실질적인 도움이 될 것입니다" 교육 목적과 실익을 먼저 밝혀, 이 메시지가 단순한 공지가 아니라는 것을 분명히 한다. '고객 피드백 기반의 콘텐츠 설계 원칙과 상위 노출 사례 공유'라는 설명을 통해 주요 거래처에 대한 실질적인 도움과 배려에서 출발했음을 알린다.

셋째, 응답 방법을 쉽게 안내하라 Response Guide. "신청하기 링크: [링크 삽입]" 행동 유도 문장(신청하기) 바로 뒤에 신청 경로(링크)를 구체적으로 안내하여 빠른 실행을 돕는다.

공감의 말투로 정중하게 써라 Empathetic Tone. "이밖에 궁금하신 내용은 편하게 문의하여 주세요." 마지막에 부담을 덜어주는 문장으로 신뢰를 바탕으로 한 협업의 느낌을 유지한다.

안녕하세요, ○○전자 콘텐츠팀입니다.
9월 한 달간 매주 수요일 오후 2시에, 본사 교육실(8층)에서 주요 쇼핑몰 MD분들을 대상으로 신제품 '에어클린900' 관련 〈설명 콘텐츠 작성법 교육 세션〉을 진행합니다.
고객 피드백 기반의 콘텐츠 설계 원칙과 상위 노출 사례를 공유할 예정이며, 귀사의 판매율 향상에 실질적인 도움이 될 것입니다.
귀사 MD 한 분이 참여 가능하며, 8월 16일 18시까지 신청 바랍니다.
등록자에게는 자료를 사전 제공하고 실시간 질의응답도 진행됩니다.
궁금하신 내용은 편하게 문의하여 주세요.
신청하기 링크: [링크 삽입]

직장인 주요 문서 여섯 번째
프롬프트는 AI가 반응하게 쓰기

AI 활용 능력은 단언컨대, 프롬프트 글쓰기에서 갈린다. 잘 쓴 AI 프롬프트 하나면 보고서 초안, 기획안 설계, 아이디어 뽑기, 문장 정리까지 가능하다. 하지만 AI는 마법사가 아니다. 오직 입력된 프롬프트만큼만 일한다. 프롬프트를 애매하게 쓰면 애매한 결과가, 명확하게 쓰면 명확한 결과가 나온다. 프롬프트가 허술하면 여러 차례 재작업을 해야 하고 그느라 시간과 에너지를 훨씬 더 낭비하게 만든다. AI는 오직 입력된 문장의 구조, 목적, 조건을 바탕으로 작동한다. 따라서 프롬프트 글쓰기는 'AI에게 내리는 명령문'이어야 한다. 구체적으로 명확하게 써야 한다.

많은 직장인이 AI를 검색엔진처럼 사용한다. 그래서 입력하는 프롬프트가 추상적이고 모호하다. AI가 수행해야 할 역할, 결과물의 목적과 조건 등의 필수항목은 빠진 채로 "~해줘", "~알려줘" 하기만 한다. 이런 식의 주문에 AI는 엉뚱한 정보, 뻔한 문장, 써먹기 힘든 결과만 내놓는다.

프롬프트 글쓰기 MAP 공식

프롬프트 글쓰기는 AI에게 의도한 결과를 만들어내도록 일을 시키는 글쓰기다. 3가지 요소로 구성된 MAP(맵) 공식으로 일을 시켜보자. 이 구조를 따르면 원하는 결과를 정확하게 얻을 수 있다.

Mission: AI의 역할과 목적을 분명히 써라

무엇을 위한 요청인지, 어떤 결과를 원하는지 먼저 알려준다. '보도자료 요약해서 핵심만 정리해줘', '이 기사를 AI 시대라는 맥락에서 요약해줘'처럼 지시한다.

Asks: 요청할 항목을 구체적으로 정리하라

항목별 요구사항을 하나하나 나열한다. 예를 들면 이렇다.

'해당 자료는 신뢰할 만한 데이터여야 하며 출처를 밝히고 출처 링크까지 알려줘. 모든 주장에는 예시를 들어줘. 내 글의 독자인 초등학생과 관련된 예시여야 해.'

Points: 출력 조건을 명확히 제시하라

결과물을 어떤 방식과 형식으로 출력하면 되는지 명확하게 제시해야 한다. '각 항목은 요점만 정리하되 3줄 이내로. 전체 분량은 2,000자를 넘지 않게 해줘. 관련 데이터를 팩크 체크해서 1개 이상 포함해줘.'

실전 사례

신제품의 일본 진출을 위한 TF에 차출된 C 대리. AI에게 멋진 아이디어를 얻고 싶다. 이렇게 프롬프트를 작성한다.

"마케팅 전략 아이디어 좀 뽑아줘. 요즘 트렌드 반영해서."

이대로라면 AI는 일반적인, 뻔한 결과물만 만들어낸다. 사용자는 원하는 결과를 얻기 힘들다. 이 프롬프트에는 무엇을 왜 어떻게 해달라는 기본조차 명시되지 않았다. 무엇에 관한 마케팅이며 어떤 전략에 따른 아이디어가 필요한지, 요즘 트렌드라면 어떤 것을 말하는지도, 결과물이 어떤 형식이어야 하는지도 빠져 있다. 이 프롬프트가 만들어주는 결과물은 수정하여 사용하기에도 역부족이다. 프롬프트 글쓰기 MAP(맵) 공식을 동원하여 개선해보자.

첫째, 미션을 명확하게 제시해야 한다Mission. "비건 뷰티 브랜드 '슬리핑 마스크'를 일본에 런칭하는 아이디어 작성이 미션이야." AI가 이해하고 실행하기 쉬운 단일 행동 목표로, 무엇을 하라는 것인지 정확히 지시하고 있다. 또한 브랜드명과 제품 목적이 구체적으로 명시되어 있어 대상 인식과 배경 이해를 동시에 유도한다.

둘째, 조건과 범위가 구체적이어야 한다Asks. "일본 2030 고객들이 가장 선호하는 SNS채널별로", "각 아이디어에 간단한 실행 방안 포함" 이처럼 대상, 채널, 내용 범위, 세부 요청이 명확히 제시되어 AI가 엉뚱한 내용이나 불필요한 확장을 하지 않도록 안내한다.

출력 조건이 명확히 제시되어야 한다Points. "각 항목은 150자 이내, 제목+설명 포맷, 일본 2030의 어휘와 말투로" 분량 제한, 구조 포맷, 말투 톤까지 모두 포함하여 AI가 생성한 결과가 요구자의 기대 범위 안에서 가능하여 빠른 업무처리가 가능하다.

새로운 브랜드 '슬리핑 마스크'로 일본에 진출하려고 해. 일본 2030 고객 대상 런칭 전략 아이디어 10가지를 제안해줘. (이 제품의 특성은 남녀 사용 가능하다는 것인데 제품 정보는 첨부한 파일 안에 있어)

Mission: 비건 뷰티 브랜드 '슬리핑 마스크'를 일본에 런칭하는 아이디어 작성이 미션이야.
Asks: 일본 2030 고객들이 가장 선호하는 SNS채널별로 런칭 전략 수립해줘. 각 아이디어에 간단한 실행 방안 포함해줘.
Points: 각 항목은 150자 이내, 제목＋설명 포맷, 일본 2030의 어휘와 말투로 작성해줘.

직장인 주요 문서 일곱 번째
마케팅 글쓰기로 더 비싸게 팔기

구인광고의 일부다. 어느 회사에서 이런 인재를 찾는 것일까?

    채용 분야: 작가(디지털 소통, 콘텐츠 기획, 카피라이터)
    담당 업무: 디지털 소통 방향 및 콘텐츠 제작 계획 수립
                 디지털 소통 콘텐츠 제작 기획
                 디지털 소통 콘텐츠 성과 분석 등 피드백

이 회사는 정부 기관인 병무청이다. 최근에는 기업은 물론 공공기관에서도 '작가'를 채용한다. 미국 비즈니스 소프트웨어 기업 37시그널37signals의 창업자 제임스 프라우드James Proud는 "최고의 작가를 고용하라. 명쾌한 글은 명료한 사고, 커뮤니케

이션 능력, 공감 능력, 불필요한 것을 빼는 편집 능력까지 보여준다"고 강조한다. 실제로 기업들은 채용 과정에서 자기소개서를 중점적으로 평가하는데, 자기소개서에는 지원자의 '작가'로서의 역량이 드러나기 때문이다. 최근에는 AI가 자기소개서를 대신 작성하고, 또 다른 AI가 평가하는 서비스도 등장했다. 자신을 비싸게 팔려면 '작가'가 되어야 한다. 작가들의 핵심기술인 의도한 대로 성과를 만드는 글쓰기는 모든 업종과 직무에서 반드시 갖춰야 할 필수 능력이라는 의미다.

신입이든 경력직이든, 요즘 입사지원서는 사람이 읽기 전에 AI가 먼저 읽는다. 많은 기업이 ATS Applicant Tracking System를 도입하여, 제출된 이력서와 자기소개서를 자동 분석하고 필터링하기 때문이다. 이 시스템은 직무 설명서의 키워드를 중심으로 핵심 정보를 스캔하여, 적합한 지원자만 추려내 채용 담당자에게 전달한다. 정리되지 않은 글, 구조 없는 글, 요점이 흐릿한 글은 바로 걸러진다. 세계 수준 글쓰기 코드는 이러한 구조적 필터를 통과하고 사람에게 도달하는 글을 설계하는 도구다. 특히 자기소개서는 커리어 전반에 걸쳐 나 자신을 마케팅하는 핵심 수단이 된다. 설득력 있는 자기소개 글은 연봉 협상이나 승진처럼 중요한 순간에도 나를 대신해 말하는 강력한 무기가 된다.

셀프마케팅 글쓰기가 중요한 이유

자기소개서는 채용 과정뿐 아니라 재직하는 내내 그리고 퇴사하여 홀로서기 할 때까지 요긴하게 사용된다. 설득력 있는 자기소개서는 단순한 글쓰기를 넘어 연봉 협상이나 승진에도 영향을 미치는 마케팅 기술이다.

셀프마케팅 글쓰기는 자신이 어떤 일에 얼마나 적합하고 뛰어난 능력을 가졌는지를 논리적으로 증명하는 작업이다. 또한 셀프마케팅 글쓰기는 자신의 경험과 강점을 연결해 신뢰를 형성하고, 기회를 만들어내는 도구다. 내부 프로젝트 제안, 팀 이동, TF 참여, 사내 커뮤니티 글, 외부 협업 제안 등 다양한 상황에서 활용된다. 사내 인트라넷 프로필, 보고서, 발표자료, 링크드인, 뉴스레터, 블로그 등에도 반복적으로 쓰인다. 독자층도 상사, 경영진, 인사담당자, 외부 파트너 등 다양하다.

셀프마케팅 글쓰기에서 흔히 발생하는 문제는 학력과 경력만 나열하거나, 경험을 구체적으로 설명하지 않는 것이다. 객관적 근거 없이 자신을 전문가로 주장하거나, 추상적인 표현만 사용하는 것도 신뢰를 떨어뜨린다. 성과를 수치로 보여주지 않으면 자기 자랑에 그칠 수 있다.

셀프마케팅 글쓰기 STAR 공식

　STAR(스타) 공식으로 내가 얼마나 유능한지, 내가 어떤 일에 얼마나 적합하고 탁월한가를 보여주자. STAR(스타) 공식은 상대가 알고 싶어하는 내용을 중심으로 나의 경험, 경력, 능력을 포장하여 전달하는 글쓰기다. 이미 여러 기업이 이를 활용하여 직원들을 평가한다. 아마존은 STAR(스타) 공식을 직원 교육 프로그램에 적극 활용하여, 직원들의 문제 해결 능력과 행동 중심 경험을 평가하고 개발한다. STAR(스타) 공식은 상황Situation, 과제Task, 행동Action, 결과Result의 약자다.

Situation: 현재 상황이나 문제를 간결하게 설명한다

'우리 팀은 임시공휴일 제정으로 인해 프로젝트의 기한을 맞추기에 더욱 압박을 받았다.'

Task: 그 상황에서 자신이 맡은 과제나 역할을 설명한다

'프로젝트 마감일을 지키는 것이 내 역할이자 책임이었다.'

Action: 문제해결을 위한 구체적인 행동을 설명한다

'나는 업무 우선순위를 점검하여 비교적 덜 중요하다고 판단

되는 업무를 찾아 과감하게 제외했다. 재조정한 일정은 매일 체크인 회의를 통해 진척 상황을 점검했다.'

Result: 행동의 결과와 성과 및 배운 점을 설명한다

'그 결과, 프로젝트를 기한 내에 완료할 수 있었다. 거래처로부터 덜 중요하다고 덜어낸 업무로 인해 오히려 결과물 만족도가 크다는 피드백을 받았다.'

실전 사례

사내 온라인 판매 전담 부서에서만 일해온 R 팀장의 자기소개 글이다.

"20년차 판매 전문가입니다. 다양한 브랜드를 담당했고, 현재는 팀장을 맡고 있습니다. 늘 배우며 도전하고 있습니다."

'다양한 브랜드'란 어떤 브랜드들을 말하는지, 그 브랜드들을 담당하며 어떤 성과, 성공을 경험했는지 알 수 없다. 20년 경력이라 했으나 판매와 관련해서 어떤 전문성을 쌓았는지 설명이 없다. 구체적 내용이 없는 '도전'이나 '배움'은 건성으로 들린다. 대체 무엇을 잘하는지 무엇을 잘하는 사람인지 했는지 판단하기 어렵다. STAR(스타) 공식으로 개선하자.

첫째, '경력+전문 영역'이 구체적으로 드러나야 한다Situation. "20년간 온라인·오프라인 채널을 넘나들며 15개 브랜드 유통 담당" 경력 연차, 담당 범위, 채널 유형이 명확하게 드러나 단순히 '오래 일했다'는 말보다 훨씬 경험 기반의 전문성이 강하게 느껴진다.

둘째, '과제 상황'이 성과를 입증한다Task. "매출 하락 위기의 브랜드를 맡았다." 위기를 해결해야 하는 책임 상황을 밝힘으로써 평범한 경력자가 아니라 성과 중심 실무자로 부각된다.

셋째, 구체적 실행을 서술한다Action. "유통 구조 재설계", "프로모션 방식 전면 개선" 등 무엇을 했는지를 포괄적으로 설명하는 대신, 현장 언어로 해당 내용을 설명하여 몸소 실행하는 리더라는 인상을 주기에 충분하다.

넷째, 수치 기반 성과로 설득력을 높인다Result. "6개월 만에 전년 대비 180% 매출 반등" 결과가 구체적인 수치로 표현되어 객관성과 신뢰성을 확보한다. 단순히 '잘했다'가 아니라 '결과를 만들었다'는 메시지가 뚜렷해야 한다.

20년간 온라인·오프라인 채널을 넘나들며 15개 브랜드의 유통을 담당해왔습니다. 최근 8년 동안에는 온라인 판매를 전담해왔습니다.

2019년에는 매출 하락 위기의 B 브랜드를 맡아, 기존 유통 구조를 리디자인하고 프로모션 방식을 전면 개선해 6개월 만에 전년 대비 180% 매출 반등을 이끌어냈습니다.

현재는 유통 영업팀장으로 신입 사원 교육과 브랜드별 유통전략 수립을 동시에 총괄하며, '실행하는 리더'로 성장 중입니다.

당신이 취업준비생이라면 그동안 준비해온 내용들을 주절주절 늘어놓는 대신 STAR(스타) 공식을 소환하라. STAR(스타) 공식으로 작성한 자기소개서 한 편으로 당신은 뽑고 싶고 키우고 싶고 지키고 싶은 핵심 인재에 편입될 것이다.

쓰면 통하는 성과 보장형 글쓰기 3단 프로세스

업무 글쓰기는 쓰기가 아니라 읽히기의 문제이자, 읽히기를 너머 실행의 영역이다. 보고서를 쓰든, 협업 메시지를 쓰든, 그 글과 문서는 반드시 읽혀야 하고, 이해되어야 하며, 실행으로 이어져야 한다. 따라서 실무 글쓰기서는 질문이 바뀌어야 한다. '어떻게 써야 잘 읽히는가?'에서 '글쓰기를 어떻게 설계하고 점검해야 실행으로 이어지는가?'로 바뀐다.

실무 글쓰기는 글쓰기 코드를 실제 문서에 적용할 수 있도록 '생각 설계 → 초안 작성 → 실행 점검'이라는 순서로 구성된다. 업무에 필요한 문서 한 편을 제대로 설계하고 작성하고 점검하고 완성하는 루틴이다.

1단계. 생각을 설계하라

글을 잘 쓰고 싶다면 '무엇을 쓸까'보다 '어떤 내용을 어떻게 구조화할까'를 질문해야 한다. 이때 필요한 것이 '생각 설계'다.

① 의도 파악: 이 글은 왜 필요한가? 독자는 지금 무엇을 원하는가?

② 정보 파악: 무엇을 말할 것인가? 중요한 정보가 무엇이며 어떻게 배열할 것인가?

③ 메시지 만들기: 이 정보의 핵심 의미는? 그래서 결국 무엇을 어쩌란 것인가?

④ 요청하기: 독자에게 무엇을 요청할 것인가? 어떤 행동을 유도할 것인가?

이 4가지는 곧 글쓰기 코드의 설계 버전이다. 생각을 설계할 때부터 누구에게 맞춰 쓸 것인가(C), 어떤 흐름으로 정리할 것인가(O), 어떻게 명확히 표현할 것인가(D), 어디까지 실행으로 연결할 것인가(E)를 미리 구상하는 과정이다. 이 과정을 거치면 글쓰기는 키보드를 두드리기 전에 이미 머릿속에서 완성된다. 생각을 설계하는 순간부터 글쓰기 코드가 작동해야 한다.

직장인의 글쓰기가 쓰는 데서 끝날 뿐 의도한 실행으로 연결되지 못하는 것은 정보 전달에 그치기 때문이다. 정보는 그 자체로서가 아니라 메시지로 전달되어야 의미를 가지고 가치를 발휘한다. 메시지란 정보들을 통해 말하고 싶은 무엇이다. 메시지를 만드는 방법은 간단하다. "그래서 무슨 말인가?", "그래서 뭘 어쩌라고?" 이 질문에 한 줄로 답할 수 있으면 된다. 이러한 독자의 질문에 "언제까지, 무엇을, 어떻게 하면 됩니다"로 응답하는 것이 메시지다.

예를 들어보자. 한 마케팅 담당자가 상반기 캠페인 보고서를 작성한다면, 글쓰기는 다음 단계를 따른다.

의도 파악: 상반기 활동 성과를 정리해 팀장에게 보고하기.
정보 정돈: 캠페인별 성과, 도달률, 전환율, 이슈 정리하기.
메시지 만들기: 전반적 성과는 개선 중이나 광고비 대비 전환율 낮음
요청하기: 하반기 예산 재조정 필요, 기여도 높은 채널 중심으로 집중 투자 제안

이렇게 생각의 설계를 마치면, 글쓰기 코드를 적용하여 초안을 만든다.

2단계, 글쓰기 코드대로 초안을 작성하라

글쓰기 코드로 생각을 설계했다면, 이제 그 구조를 문장으로

옮길 차례다. 실제 문장을 쓸 때도 글쓰기 코드는 그대로 작동한다. 달라지는 것은 설계된 생각이 언어로 전환된다는 점뿐이다. 글쓰기 코드를 따라 쓰면 문장이 논리적으로 정렬되고, 의미의 초점이 또렷해진다. 글은 이 단계에서 비로소 형태를 갖춘다. 앞에서 정리한 마케팅 캠페인 보고서 내용을 글쓰기 코드에 적용하면, 다음과 같이 초안이 작성될 것이다.

맞춤화: 이 보고서는 매니저님 결재용이다. 그러니 주요 성과는 수치로 요약하여 보고한다.

구조화: '성과 요약→성과 분석→문제 요인→개선 제안' 내용을 구성한다.

명확화: '페이스북 전환율은 하락했습니다. 반면 유튜브 채널은 유입 대비 전환율이 3배 증가했습니다'처럼, 수치를 동원하여 능동적 표현으로 명확하게 쓴다.

유도화: 하반기에는 유튜브 중심 예산 재조정을 제안드립니다. 다음주 회의 안건으로 상정 요청드립니다.

이렇듯, 글쓰기 코드는 머릿속 글쓴이의 생각을 독자가 들어야 할 내용의 초안으로 바꿔준다. 이 초안은 점검 단계를 통해 보완되고 수정되고 다듬기를 거쳐 완성된다.

3단계, 독자의 시선에서 점검하고 실행 가능성을 확인하라

글은 쓰는 것으로 끝나지 않는다. 전달되고, 이해되고, 의도한 대로 실행되어야 비로소 완성된다. 이때 기준이 되는 것이 초안 작성의 기준인 글쓰기 코드다. 점검 작업은 독자가 쉽고 빠르게 이해하고 실행하겠는가를 염두에 두고 진행한다.

부록 1

글쓰기 감각을 단련하는
자동화 루틴

운전할 때를 떠올려보자. 운전자는 도로 위에서 순간적인 판단을 내려야 한다. 그런데 기어 변속이나 방향지시등 작동 등을 일일이 의식한다면 속도는 느려지고 위험은 커진다. 반복 훈련을 통해 손끝이 자동으로 반응할 때, 비로소 자연스럽고 안전하게 운전할 수 있다. 글쓰기 감각도 이와 같다. 머리로만 기준을 아는 단계에서는 현장에서 제때 쓰기 어렵다. 손끝에서 자동으로 움직이는 습관과 감각이 필요하다.

연습법 개요
감각이란 생각하기 전에 손이 먼저 움직이는 힘이다. 직장인들은 보고서, 회의 자료, 메신저, 공지문 등 시간에 쫓기는 상황에서 쓰는 일이 많다. 그때마다 머릿속으로 맞춤화나 구조화를 고민하면 메시지는 흐려지고 실행은 늦어진다. 글쓰기 코드가 몸에 익으면 별도의 계산 없이도 손끝에서 바로 기준에 맞는 글이 나온다. 이것이 곧 감각이자 습관이다.

연습 목표

글쓰기 코드 기술을 반복 연습해 자동화하는 것이 목표다. 감각 훈련은 '알고 있다'를 넘어 '할 수 있다'로 바꾸며, 시간 압박 속에서도 흔들림 없는 문장 작성 능력을 키운다.

연습법 소개

개선이 필요한 글을 골라 글쓰기 코드 기준에 따라 재작성해 보는 방법이다.

문제점 분석: 직장 내 메시지, 안내문, 보고서 중에서 읽기 어렵거나 혼란을 준 문서를 독자 관점에서 살핀다.

다시 쓰기: 맞춤화, 구조화, 명확화, 실행화 항목에 따라 문장을 수정한다.

개선 여부 점검: 체크리스트를 활용해 스스로 점검하고, 동료나 AI에게 피드백을 요청한다.

실전 사례

"이번 달 임원회의 자료를 사흘 안으로 부서별로 제출하여 주세요."

문제 분석 및 개선

맞춤화: 수신자가 팀장인지 부서원인지 불분명하다.
　　　→ 수신자를 '팀장'으로 명확하게 표기한다.
구조화: 회의 목적, 제출 기한이 한 줄에 뒤섞여 파악하기 어렵다.
　　　→ 일정과 조건을 구분해 구조화한다.
명확화: '사흘 안으로 제출' 같은 표현이 애매하고 모호하다.
　　　→ 날짜와 시간을 구체적으로 명시한다.
실행화: 어떤 형식으로 어디에 제출해야 하는지 안내가 빠졌다.
　　　→ 제출 형식과 장소 정보를 명확히 안내한다.

"이번 달 임원 회의는 6월 11일(월) 오전 10시에 개최됩니다. 6월 7일(금) 오전 10시까지 각 부서 팀장은 PDF 보고서를 공유폴더에 업로드해주세요. 이번 회의는 예산안 최종 확정을 위한 것이므로 모든 부서 팀장의 자료 제출이 필요합니다."

개선이 필요한 글을 글쓰기 코드 기반으로 개선하는 루틴을 반복하면 글쓰기 코드가 자연스럽게 손끝에 각인되어 자동화된다. 감각은 자동화된 습관이다. 업무 현장에서 즉각 적용 가능한 글쓰기 감각을 기르려면 반드시 이 훈련을 선행해야 한다.

부록 2

잘 쓴 글을 단번에 구별하는
안목 키우기

요리를 잘하려면 부족한 맛을 찾아내는 미각이 필수적인 것처럼, 글쓰기에도 좋은 글을 판단하는 안목이 필요하다. 아무리 재료가 좋고 칼질, 불 조절 같은 개별 기술이 뛰어나도, 많은 사람이 만족하는 요리를 만들려면 맛을 잘 구별해야 하듯이, 글쓰기도 마찬가지다.

글쓰기 코드에 대한 안목은 본문을 정보 단위로 묶어 구조화 Organize하고, 구체적인 행동 지침을 분명히 안내하며 Execute, 불필요한 표현을 제거하고 문장을 명확히 다듬으며 Direct, 독자에 맞춘 톤과 내용을 설정하는 Customize 과정을 모두 평가하고 설명할 수 있을 때 갖추어진다. 이러한 안목이 있어야 글쓰기 감각이 길러지고, 성과로 이어진다.

연습법 개요

안목은 판단 능력이다. 무엇이 왜 좋은지 설명하고 그 기준을 타인과 공유할 수 있어야 한다. 안목이 없으면 직장 내 누군가가 쓴 글을 보고도 막연히 '뭔가 부족하다'고만 느낄 뿐 왜 읽기 힘든지, 어떤 부분이 모호한지, 무엇을 어떻게 고쳐야 할지 명확히 설명하지 못해 개선이 어렵다. 팀장에게 안목이 없으면 팀원마다 다른 기준으로 글을 작성해 문서 품질이 들쭉날쭉해진다. 감각은 반복 연습으로 자동화되지만, 그 자동화를 이끄는 기준이 바로 안목이다. 안목이 있어야 감각이 발달하고 감각이 있어야 성과로 연결된다. 글쓰기 코드는 안목을 현장에서 적용할 수 있는 명확한 기준 언어로 바꿔준다.

연습의 목표

좋은 글과 그렇지 못한 글을 구분할 수 있는 기준은 글쓰기 코드를 체득하는 것이다. 글쓰기 코드 기준에 따라 고쳐쓰기하는 수준을 넘어 왜 그렇게 고쳤는지를 설명하고, 그 기준을 공유하여 팀 전체가 한결같은 품질로 문서를 작성하도록 돕기가 가능할 때 비로소 안목이 완성된다. 결국 안목 훈련은 진단, 해설, 재현 가능성을 키우는 과정이다. 안목을 키우는 연습법 4단계를 실천해보자.

1단계 개선이 필요한 문서 선택: 일상에서 자주 접하는 공지문, 이메일, 회의 안내, 업무 지시문 등 중 읽기 어렵거나 실행이 힘들었던 글을 선택한다.

2단계 글쓰기 코드 기준으로 문제 분석: 맞춤화, 구조화, 명확화, 실행화를 쓰고 각각의 기준에 맞춰 문제점을 작성한다.

3단계 글쓰기 코드 기준에 따라 다시 작성: 분석된 문제를 해결하여 글쓰기 코드 기준을 다시 작성한다.

4단계 전과 후 문장 비교 및 해설: 수정된 문장과 원문을 나란히 두고 변화한 점과 적용된 기준을 설명한다.

실전 사례

1단계, 잘못된 글을 선택한다.

"사옥 내 골프장, 헬스장 출입 통제 시스템 변경으로 관리사무소 방문하셔서 지문 및 카드 재등록 해주시기 바랍니다. 9월 3일(월요일)부터 잠금장치를 실시할 예정이오니 이용하시는 사우는 등록을 완료 후 이용하여 주시기 바랍니다."

2단계, 글쓰기 코드로 문제를 분석해본다.

맞춤화: 대상 '사우'가 모호해 누가 등록해야 하는지 불명확하다.

구조화: 핵심 정보가 긴 문장에 묻혀 있어 찾기 어렵다.

명확화: '하여 주시기 바랍니다' 등 과도한 공손어와 피동형 표현이 많아 힘이 약하다.

실행화: 등록 날짜, 방법 그리고 미등록 시 불이익 안내가 빠져 있다.

3단계, 수정문을 작성한다.

[공지] 골프장·헬스장 출입 재등록 안내

1월 3일(월)부터 새 출입 통제 시스템이 적용되며, 기존 권한은 초기화된다. 미등록 시 출입이 제한된다.

대상: 골프장·헬스장 이용 직원 전원

기간·장소: 12월 20일부터 내년 1월 2일까지 관리사무소

준비물: 사원증, 신분증

주의: 기간 내 미등록 시 1월 3일부터 출입 금지

문의: 관리사무소 내선 103

4단계, 전과 후를 비교 및 해설한다.

맞춤화: 원문은 모호했던 대상이 명확해졌다.

구조화: 긴 문장 대신 항목별로 나눠 정보가 쉽게 파악된다.

명확화: 피동형과 완곡한 표현에서 능동적이고 명료한 표현으로 바뀌었다.

실행화: 등록 기간, 방법, 미등록 시 불이익이 구체적이다.

감각이 손끝의 기술이라면, 안목은 그 감각을 이끄는 기준이다. 둘은 분리된 것이 아니라 서로 맞물려 돌아가는 톱니바퀴와 같다. 감각만 있다면 빠르게 쓰지만, 왜 좋은지를 설명할 수 없어 팀 내 기준 공유가 어렵다. 안목만 있다면 판단을 할 수 있지만, 손이 따라주지 않아 속도가 나지 않는다. 글쓰기 실력은 감각과 안목이 균형을 이룰 때 완성된다. 따라서 글쓰기 코드 감각을 몸에 익히고, 안목으로 기준을 세우며 이 둘을 동시에 키워야 한다.

부록 3

AI와 함께하는 글쓰기 훈련

글쓰기 실력은 연습이 반복될 때 완성된다. 그런데 꾸준히 반복하기란 쉽지 않다. 시간과 체력, 피드백 환경이 뒷받침되지 않으면 훈련은 금세 멈추기 마련이다. 이때 가장 강력한 조력자가 있다. 바로 AI다. AI는 지치지 않고 언제든 글을 평가하고 개선점을 제시한다. 독자는 AI를 코치로 삼아 실전 문서를 글쓰기 코드로 진단받고, 초안과 개선문을 비교하며 안목을 기르고, 반복 연습을 완성할 수 있다. AI와 함께하는 훈련은 단순한 도구 활용이 아니라, 세계 수준 글쓰기 역량을 키우는 지속 가능한 파트너십이다. 이제부터 소개할 '연습법 개요'는 그 파트너십을 실전 루틴으로 옮기는 단계다. AI와 글쓰기 코드를 결합해, 어떻게 '쓰기-피드백-개선'의 순환을 완성하는지 안내한다.

연습법 개요

세계 수준 글쓰기 실력을 기르기 위해 AI를 코치로 삼아 실전형 훈련을 반복하는 것이다. AI는 언제든, 어떤 글이든, 지치지 않고 피드백을 줄 수 있는 최고의 파트너다. 다만 효과를 극대화하려면 글쓰기 코드를 기준으로 AI와 대화해야 한다.

연습 목표

이 훈련의 목표는 AI를 활용해 글쓰기 코드 안목과 감각을 동시에 빠르게 체득하는 것이다. 독자는 AI와의 상호작용을 통해 자신의 글 문제를 즉시 진단받고, 전Before과 후After를 비교하며 안목을 키우고, 반복 작성으로 감각을 강화한다. 궁극적으로 AI와의 협업 훈련을 통해 글쓰기 근육을 짧은 시간 안에 체화하는 것이다.

AI 코치와 함께하는 훈련법

사전 단계로 글쓰기 코드 구조를 AI에게 학습시킨다. AI는 글쓰기 코드를 모른다. 따라서 맞춤화, 구조화, 명확화, 실행화라는 기준을 먼저 알려줘야 이후 피드백이 정확해진다.

1단계는 AI에게 글을 평가·분석하게 한다. 공지문, 회의 안내, 이메일

등 실제 글 하나를 고른 뒤 AI에게 "이 문서를 글쓰기 코드 기준으로 진단해달라"고 요청한다.

2단계는 AI와 함께 개선한다. AI가 빠르게 이해하고 개선할 실행 프롬프트를 작성한다. 예를 들면, "이 문장을 글쓰기 코드로 분석해줘. 맞춤화, 구조화, 명확화, 실행화 네 항목별 문제점과 개선안을 알려줘. 수동형, 명사형, 불필요한 경어를 제거하고 실행 가능한 문장으로 바꿔줘"라고 요청한다.

3단계는 문서의 전과 후를 비교하며 안목을 키운다. AI가 제시한 개선문과 원문을 나란히 놓고 무엇이 달라졌는지, 어떤 기준이 적용됐는지 비교한다. 가능하면 AI 답변을 참고해 스스로 다시 고쳐 쓴다. 이 과정을 반복할수록 글쓰기 코드 안목과 감각이 동시에 길러진다.

실전 사례

기업 브랜드 관리팀이 전 부서가 참고할 수 있도록 인쇄물 제작 가이드를 작성했다. 작성자는 내용을 빠짐없이 담고 문장도 정리했으나, 문서가 공유된 직후 문의가 빗발쳤다.

안녕하세요.

인쇄물 제작 프로세스를 안내해 드립니다.

– 진행: 인쇄물 필요 시 신청 〉 디자인 회의 〉 제작 〉 수령

　　　 디자인 담당은 규정에 따름.

– 신청: '인쇄 요청서' 파일 제출.

– 수령: 완성된 인쇄물은 부서별로 관리

이는 최종 점검 없이 공유된 흔한 실패 사례다. 읽히지만 독자가 실제 행동할 수 없으니 목적을 달성하지 못한 것이다. 이때 AI코치에게 도움을 청해 글쓰기 코드 기준으로 고쳐본다. 먼저 글쓰기 코드 구조를 AI에게 학습시키고, 1단계로 초안 문서를 공유하며 AI에게 요청했을 때의 답변이다.

맞춤화: 요청 주체와 제출 방식이 모호하다.
구조화: 진행 절차가 시간 순서대로 배열되지 않았다.
명확화: "필요 시", "규정에 따름" 같은 표현이 애매하다.
유도화: 제출 기한, 보관 방법, 승인 절차가 구체적이지 않다.

2단계는 AI와 함께 개선하기다. 위 문제점을 보완하는 정보

를 자세히 추가한 뒤, 독자가 따라 할 수 있도록 실행 절차를 시간 순서대로 다시 작성하라고 요청한다. AI가 생성한 개선문은 이러하다.

[인쇄물 제작 프로세스 안내 – 최종본]

요청 시점

제작 부서는 최소 영업일 기준 10일 전, 인쇄물 제작 요청서를 작성해 홍보팀에 제출한다.

신청 방법

– 인트라넷 〉 업무서식 〉 '인쇄 요청서' 파일 사용

– 제출 시 담당자 연락처 포함 필수

진행 절차

접수 후 2일 이내 시안 회의 일정을 안내한다.

디자인은 외주 또는 내부 디자이너가 배정된다.

결과물 수령 후 조치

수령한 인쇄물은 지정 보관함에 1부 복사본을 비치한다.

대외 배포용은 홍보팀 검수 후 승인 절차가 필요하다.

3단계는 전과 후를 비교하는 작업으로 글쓰기 코드 감각을 체화하기다. AI가 제시한 개선본과 원본을 나란히 비교한다.

맞춤화 전에는 '사내 양식' 수준이었으나, 후에는 구체적 문의 경로와 신청 방법까지 기재되어 있다. 구조화 전에는 항목 순서가 섞였으나, 후에는 요청-신청-진행-수령 순서로 배열해 실행 흐름에 맞췄다. 명확화 전에는 '필요 시', '규정에 따름' 같이 애매한 표현이 있었으나, 후에는 구체적 절차와 조건을 명시했다. 실행화 전에는 실행 방법이 막연했으나, 후에는 '10영업일 전 제출', '2일 내 회의 일정 안내'처럼 명확한 행동 지침이 있다.

전문성 연구자 앤더스 에릭슨은 기술을 최고 수준으로 끌어올리려면 집중Focus, 피드백Feedback, 고쳐쓰기Fix it의 3단계를 의식적으로 반복해야 한다고 강조했다. AI와 함께라면 이 3가지 훈련이 언제든 가능하며, 세계 표준 글쓰기 훈련도 무한대로 확장할 수 있다.

마치는 글

성과를 지배하는 글쓰기가 가장 확실한 투자처

글쓰기에 서툰 구성원으로 인해 직장 상사들이 얼마나 스트레스를 받을까? 일본에서 진행한 설문에 따르면 상사의 85%가 부하직원의 글쓰기로 스트레스를 받았다. 상사가 부하의 글쓰기에 스트레스를 느끼는 주요 원인은 다음과 같다.[1]

1위 독자가 필요로 하는 정보나 설명이 부족하다(65.1%).

2위 올바른 어휘와 표현을 선택하지 않는다(46.5%).

3위 문장에 군더더기가 많고 길다(38.9%).

4위 논리의 흐름이 맞지 않는다(38.6%).

5위 재작업에 시간과 노력이 든다(37.5%).

이것은 일본만의 문제가 아니다. 글로 일하는 모든 조직의 상사들이 겪는 보편적 스트레스다. 상사가 느끼는 이 스트레스는 단순한 개인의 불만이 아니라 조직 전체의 소통 오류로 이어진다. 의사결정이 지연되고, 재작업이 반복되며, 생산성과 성과가 동시에 떨어진다. 결국 불명확한 글로 인해 막대한 비용 손실이 일어난다. 보고서 한 문단의 불명확함이 회의 한 시간을 늘리고, 이메일 한 줄의 모호함이 프로젝트 전체의 속도를 늦춘다. 글쓰기 품질이 곧 조직의 효율성과 비용을 결정한다.

책을 집필하기 시작하며 나는 스스로에게 물었다. 왜 국제표준화기구가 개인의 보고서에까지 개입하는가. 그 이유는 명확하다. 글쓰기가 성과를 결정하고 평가하는 기술이기 때문이다. 직장인에게 중요한 것은 채용에서 선택받고 이후에도 계속 선택받는 일이다. 그 선택의 기준이 글쓰기 역량이라는 것은 시대가 변해도 흔들리지 않는다. 글쓰기 코드는 바로 이 문제를 해결하기 위한 실전 프레임이다. 독자가 필요로 하는 정보를 빠짐없이 담고, 논리적 흐름과 표현을 정돈하며, 명확하고 간결한 문장으로 실행을 이끌어낸다. 즉, 상사의 스트레스를 줄이는 것은 개인의 영역이 아니라 시스템으로 극복할 수 있으며, 그 시스템이 바로 글쓰기 코드다.

먹고사는 데 가장 필요한 기술

나는 2002년부터 혼자 일하고 있다. 건강하다면 앞으로 20년은 더 일할 수 있을 것이다. 혼자 일하는 자유는 매혹적이다. 잘하는 일을, 좋아하는 방식과 원하는 시간에 할 수 있다. 내 시간에 대한 결정권과 자율성은 온전히 내 몫이며, 일하는 동안 제삼자의 개입이나 간섭도 없다.

하지만 이 자유에는 조건이 있다. 혼자 일해도 모든 일을 혼자서 처리하는 것은 아니고, 협업한다. 나는 보통 이메일과 메시지로 협업한다. 혼자 일한다는 것은 조직이나 동료가 대신 막아주거나 떠받쳐주지 않는다는 뜻이며, 모든 문제를 스스로 해결해야 한다. 이 중심에도 글쓰기가 있다.

지금은 직장에서 오래 일하기 어려운 시대다. 긱 경제와 AI 시대에 학력, 경력, 인맥은 예전처럼 절대적인 힘이 아니다. 전문성은 필요조건이지만, 충분조건은 글쓰기 기반의 의사소통 능력이다. 회사 떠나 50년 먹고사는 데 필요한 가장 중요한 기술은 글쓰기 코드다. 국제표준에 맞는 의사소통력을 갖춘다면 '나'라는 상품의 가치를 절대 수준으로 높일 수 있다.

글쓰기에 대한 투자는 복리로 돌아온다

제2차 세계대전 당시 미군 폭격기 조종사들은 착륙 직후 잦은 사고에 시달렸다. 원인은 조종사의 능력이 아니었다. 바퀴를 접는 레버와 날개를 접는 레버가 똑같이 설계되어 있었기 때문이다. 심리학자 알퐁스 차파니스Alphonse Chapanis가 단순히 레버의 형태를 구분해 바꾸자 사고는 급격히 줄었다. 좋은 설계가 조종사를 살린 것이다. 글쓰기도 다르지 않다. 아무리 유능한 직장인이라도 잘못된 습관과 기준 없는 구조 속에서는 레버를 착각하는 것처럼 핵심을 흐리고, 순서를 뒤집고, 실행되지 않는 지시를 내린다. 그 결과 역량은 왜곡되고 평가는 떨어진다. 국제표준화기구에서 채택한 글쓰기 국제표준은 이러한 위험을 제거한다. 독자 중심으로 구조와 표현을 설계해 본래의 역량이 온전히 드러나게 한다.

조종석이 조종사를 살리듯, 글쓰기 역량이 직장인을 살린다. 글로벌 기업들은 이미 이 사실을 알고 있었다. 그들은 채용에서 멈추지 않고 보고서, 메모, 이메일까지 자사 글쓰기 기준을 운영했다. 구성원이 명확한 글쓰기 원칙으로 탁월한 성과를 내도록 돕는 것, 이것이 세계 경쟁력의 비밀이다. 이는 내가 이 책을 통해 일관되게 전한 메시지이기도 하다.

10대에 독학으로 글쓰기 역량을 쌓은 벤자민 프랭클린 Benjamin Franklin은, 그 힘으로 무학의 인쇄공에서 출발해 '미국인의 아버지'로 불릴 만큼 성공했다. 그리고 이렇게 말했다. "지식에 대한 투자가 최고의 이자를 지불한다." AI 혁명 시대에 뇌를 지키고 성과를 만드는 가장 확실한 투자처가 바로 글쓰기다. 글쓰기에 대한 투자는 복리로 돌아온다. 탁월한 성과에 그저 그런 글쓰기는 없다. 최소한의 노력으로 최대한의 성과를 이루고 싶다면 글쓰기 코드에 투자하라.

주

시작하는 글

1. 보도에 따르면 스타벅스 내부 이메일에는 "We regret to inform you that we no longer have a position available for you at Starbucks."라는 문장이 포함되어 있었다. Heather Haddon, 'Starbucks's roller-coaster week of job cuts and store closures', Hindustan Times Mint, 2025.10.04.
2. 스타벅스는 공식 발표문 'Message from Brian: An Important Update'에서 북미 지역 매장 재편과 비소매 부문 구조조정을 밝혔다.
3. 마이크로소프트의 〈2024 Work Trend Index〉에 따르면 직장인의 하루 중 57%가 문서 재작업에 쓰인다.
4. 김성모, "지식 풍부한 인턴 군대 거느린 격"… AI 잘 쓰는 자 '일 근육' 달랐다, 조선일보, 2024.05.18.
5. Dan Brodnitz, The Most In-Demand Skills for 2024, LinkedIn, 2024.02.08.
6. Katherine Li, 'Shopify CEo say before hiring anyone new, employees must prove AI can't do the job better', Business Insider, 2025.04.08.
7. The Future of Jobs Report 2025, World Economic Forum, 2025.01.07.

|1장| 국제표준화기구는 왜 당신의 글쓰기에 개입하는가

1. Forrester Consulting, The Crisis Of Fractured Organizations, Airtable, 2022.
2. The State of Data Quality: Current Practices and Evolving Trends, Gartner Research, 2013.11.11.
3. Alexandra Tadeu, Asana Anatomy of Work Global Index 2023: Smart Collaboration and Clear Goals integral to creating positive business opportunities, BUSINESS WIRE, 2023.03.08.

4   조사에 따르면, 근로자는 주 40시간 중 약 20시간을 서면 커뮤니케이션에 할 애한다. 하루 평균 4시간인데 그중 보고서 작성만 2.6~5.2시간, 이메일 작성만 1.76시간이 소요된다. AI의 도입에도 불구하고, 글쓰기 활동이 중복되고 병행되기 때문에 2025년 기준 직장인의 하루 글쓰기 시간은 3.5~5시간으로 추정된다. 보수적으로 잡아도 최소 3시간 이상이다. 이는 직무, 업계, 기술 활용 수준에 따라 차이가 있지만, 종합하면 직장인은 하루 평균 3시간 이상을 글쓰기에 소비한다고 볼 수 있다.

주 5일을 기준으로 연간 근무일은 260일이고, 근무시간은 2,080시간(8시간×260일)이다. 평균 연봉이 7,000만 원이라고 했을 때, 이들의 시간당 임금은 33,654원. 하루 3시간 글쓰기에 투입되는 비용은 100,962원이다. 따라서 1인당 연간 글쓰기 비용은 2,625만 원(100,962원×260일)이다. 이는 연봉의 37.5%에 해당한다. 사무직 2,000명 전체로 확대하면, 연간 525억 원이 글쓰기에 투입되는 비용이다. 만약 관리자가 부하 직원의 보고서를 교정하는 데 하루 1시간을 추가로 쓴다면, 관련 비용은 더 늘어난다.

5   강인해, 어려운 공공언어, 연간 280억 낭비시켜, 독서신문, 2010.07.08.
6   Jeff Haden, How 1 Missing Comma Just Cost This Company $5 Million (but Did Make Its Employees $5 Million Richer), INC, 2018.02.12.
7   The £8.8m typo: how one mistake killed a family business, The Guardian, 2015.01.28.
8   The State of Business Communication: New Threats and Opportunities, Grammarly, 2023.02.21.
9   강도원, GM, '결함' '안전' 등 금기어로 설정…늑장 리콜 원인 지적도, 조선비즈, 2014.08.18.
10 The High Cost of Small Mistakes: The Most Expensive Typos of All Time, Six Degrees, 2015.06.11.
11 Bad Writing is a Costly Problem, Workforce, 2004.09.16.
12 Joseph Kimble, Writing for Dollars, Writing to Please: The Case for Plain Language in Business, Government, and Law, Carolina Academic Press, 2023.
13 Internal communications statistics: findings from Axios HQ 2025 annual report, Axios HQ, 2025.
14 The State of Business Communication 2023, Grammarly, 2023.
15 Marija Kojic, Workplace Communication Statistics in 2025, Pumble, 2025.02.11.
16 Do Adults Have the Skills They Need to Thrive in a Changing World?: Survey of Adult Skills 2023 — OECD Skills Studies, OECD, 2024.

17 Clarity in the Caribbean — distance dissolved through a common mission, writegroup.io/resources/case-studies/bcic-case-study/
18 The Diary Of A CEO, Godfather of AI: I Tried to Warn Them, But We've Already Lost Control! Geoffrey Hinton, Youtube, 2025.06.16.
19 Morgan Smith, 'The No. 1 soft skill you need to get hired right now, according to LinkedIn – and how to mention it in an interview', CNBC, 2024.02.09.
20 Empowering the Workforce in the Context of a Skills-First Approach, OECD Skills Studies, OECD Publishing, Paris, OECD, 2025. doi.org/10.1787/345b6528-en
21 The Digital Communication Crisis, Erica Dhawan, 2021.05.11.
22 El poder del Lenguaje Claro: cómo facilitamos la comunicación con nuestros públicos, iberdrola.com/sostenibilidad/gestion-de-sostenibilidad/calidad
23 El impacto positivo del Lenguaje Claro.
24 LG 유플러스 보도자료, LG U+ '고객 언어 혁신' 활동으로 통신 용어 2만개 개선, 2025.01.22.
25 Todd Rogers and Charles Dorison, It's Time to Streamline How We Communicate at Work, Harvard Business Review, 2025.08.06.
26 IMF 연구보고서 'Firm-level Digitalization and Resilience to Shocks'에서는 디지털화 수준이 낮은 기업일수록 위기 대응력이 떨어지고, 손실 지속 기업(좀비기업 포함)은 회복 가능성이 적다는 사실을 밝혔다. 디지털 커뮤니케이션과 정보 설계 역량 부족이 구조적 리스크로 작동한다는 점을 강조한다.
27 2025 Work Trend Index Annual Report, Microsoft, 2025.04.23.

| 2장 | 누구나 쉽게 쓰고 빠르게 반응하는 4가지 법칙

1 PIAAC Canada, Frequently Asked Questions. piaac.ca/590/faq.html
2 日本漢字能力検定協会、上司の 85%が「部下の文章にストレスを感じる」, 2022.
3 Huei-Hsin Wang, Megan Chan, 5 Formatting Techniques for Long-Form Content, 2023.11.17.
4 Nataliya Kosmyna, Eugene Hauptmann, Ye Tong Yuan, Jessica Situ, Xian-Hao Liao, Ashly Vivian Beresnitzky, Iris Braunstein, Pattie Maes., Your Brain on ChatGPT: Accumulation of Cognitive Debt when Using an AI Assistant for Essay Writing Task, Cornell University, 2025.06.10

5   Kelly Fiveash, Cisco email accidentally sent to 1000s of employees causes message list MAYHEM, The Register, 2013.09.19.
6   The P&G 1-page memo, Extreme Presentation, 2006.09.06.
7   John Shook, Toyota's Secret: The A3 Report, MIT Sloan Management Review, 2009.07.01.
8   박지수, 애플에서는 단순하게 일합니다, 알에이치코리아(RHK), 2024.
9   Jyoti Mann, Nvidia insiders reveal how Jensen Huang wants emails to be Written, Business Inseder, 2024.05.29.
10   쿠팡 디자인팀, '쿠팡 UX Club 1. PO를 논리적으로 설득하는 법', 브런치, 2021.09.28.

| 3장 | 독자에게 맞춰 써라

1   Jakob Nielsen, How Little Do Users Read?, Nielsen Norman Group, 2008.05.05.
2   Chris Roush, Insider global EIC Carlson: Let's limit stories to 600 words, Talking Biz News, 2021.06.17.
3   짐 밴더하이, 마이크 앨런, 로이 슈워츠 지음, 윤신영, 김수지 옮김, 《스마트 브레비티》, 생각의힘, 2023.04.28.

| 4장 | 한눈에 읽게 써라

1   김자아, '韓 라면에 '암·생식기능 장애' 경고…해외서 논란된 이 문구', 조선일보, 2025.06.25.
2   Nivedita Balaji, Aparna Bharadwaj, Jessica Apotheker, and Megan Moore, 〈Consumers Know More About AI Than Business Leaders Think〉, Boston Consulting Group, 2024.04.24.

| 7장 | 직장인의 문서는 성과와 직결된다

1   Alex Singla, Alexander Sukharevsky, Lareina Yee, Michael Chui, Bryce Hall., The state of AI, McKinsey&Company, 2025.03.12.
2   AI에게 맡기는 작업은 반복적으로 해야 하는 작업이었다. Alex Sventeckis, AI

Stats Every Startup Should Know, HubSpot, 2025.
3 Microsoft and LinkedIn, AI at Work Is Here. Now Comes the Hard Part, Microsoft, 2024.05.08.
4 Tom Critchlow, How to write an Amazon-style narrative memo, SEO MBA, 2023.01.18.
5 이는 전년 대비 6,400명 증가한 수치다. 2025 NVIDIA Corporation Annual Review, NVIDIA Corporation, 2025.05.13.
6 Jared Lynch, How Sydney start-up Traffyk saved a big four consulting firm $100m a year, The Australian Business Review, 2024.10.22.

마치는 글

1 일본한자능력검정협회는 코로나 이후 원격 근무 확산으로 문자 기반 커뮤니케이션이 급증한 사회 변화를 반영해 '상사와 부하직원의 글쓰기 인식 조사'를 실시했다. 2022년 1월 11일부터 1월 13일 2일 동안 상사 420명, 부하직원 415명이 응답했다.
日本漢字能力検定協会, 意識調査で上司と部下の文章に関するストレスや不満が明らかに, 2022.03.07.

AI와 일하는 직장인을 위한
최소한의 글쓰기

1판 1쇄 인쇄 2025년 11월 26일
1판 1쇄 발행 2025년 12월 10일

지은이 송숙희

발행인 양원석 **편집장** 김건희 **책임편집** 이수민
디자인 강소정, 김미선 **영업마케팅** 조아라, 박소정, 김유진, 원하경, 정민지

펴낸 곳 ㈜알에이치코리아
주소 서울시 금천구 가산디지털2로 53, 20층 (가산동, 한라시그마밸리)
편집문의 02-6443-8904 **도서문의** 02-6443-8800
홈페이지 http://rhk.co.kr
등록 2004년 1월 15일 제2-3726호

ISBN 978-89-255-7279-6 (03190)

※ 이 책은 ㈜알에이치코리아가 저작권자와의 계약에 따라 발행한 것이므로
  본사의 서면 허락 없이는 어떠한 형태나 수단으로도 이 책의 내용을 이용하지 못합니다.
※ 잘못된 책은 구입하신 서점에서 바꾸어 드립니다.
※ 책값은 뒤표지에 있습니다.